JN040517

# 絵で見てパッと言う
# 英会話トレーニング

Nobu Yamada　illustration: Kajio

基礎編

Gakken

# 読者のみなさんへ

こんなに英語を勉強しているのに，どうして簡単な会話さえもできないのだろうか？ これまでの英語教育には，何が足りないのだろうか？

ぼくは先生として，常にこのことを考えながら指導にあたってきました。そして，伸びる生徒さん，伸び悩んでしまう生徒さんを見る中でたどり着いた答えの一つが，「気持ち」です。

英語は，文の語順や文型・熟語の使い方など，数学の公式のようなルールがたくさん出てきますね。そのため，「英語は数学みたいだ」と思われる方も多いようです。確かに，英語を話せるようになるにはたくさんの型を暗記する必要があり，難しいパズルのような公式（＝構文）も出てきます。

でも，英語と数学が決定的に違うのは，英語は常に「自分の気持ち」が出発点だということです。湧き出る気持ちを相手に伝えるために，文法や単語を駆使するのです。また，伝えたい気持ちがあるから，どんどん新しい表現も身につくのです。

日本のこれまでの英語教育で，使える英語がなかなか身につかなかったのは，英語をあまりにもドライに扱ってきたからかもしれません。与えられた問題を解くため，受験に合格するための英語であり，「自分の言いたいことを言う」「相手とつながる」ための英語ではなかったのではないでしょうか。

もちろん，与えられた問題文を和訳したり英訳したりするのは，英語を正確に使いこなせるようになる上で大切なトレーニングです。だけど，それだけでは発話の回路は十分に育たないでしょう。英語を勉強する意味が「自分を伝える」「相手とつながる」ということだとしたら，自分の気持ち，自分の言いたいことを英語にしていくトレーニングも必要です。

　そこで今回みなさんにお届けするのが、『絵で見てパッと言う英会話トレーニング』です。本書の最大の特徴は、一人称視点のイラスト。自分でビデオカメラを持っているかのような視点のイラストを見て、言いたいことを言うトレーニングをします。会話の主役は、あくまでも自分。イラストの場面を頭の中で想像して、自分の中に湧き起こる気持ちに注目してください。その気持ちが、発話の出発点です。

　「ここは少し遠回しに表現したい…」「失礼なことを言ってはいけない…」「正直に、思っていることを言いたい」「感想を聞かれたけど、特に何もない…」実際に会話をしていると、こんな微妙な気持ちが生まれたりもしますね。そのようなものも含めて、英語で自分を伝えるトレーニングをしていきます。

　また本書では、ふきだしの中の日本文は、日本語として自然な文にこだわりました。例えば閉店時間を尋ねるときは、「何時までやってますか？」が自然な日本語ですね。だけど英語では、「あなた方は何時に閉店しますか？」と尋ねることが多いのです。日本文を一字一句直訳しようとするのではなく、「日本語としての自然さ」と「英語としての自然さ」のずれも楽しみながら取り組んでください。

　今回は「基礎編」と「旅行編」の2冊をご用意いたしました。あらゆる場面で、あらゆる気持ちを伝える練習ができるようになっています。「自分」の気持ち、そしてそれを伝える「相手」の気持ちを大切にして、トレーニングに励んでくださいね。「んー」とうなりながら解くのではなく、パッと伝える感覚を楽しみましょう。

　この本がきっかけで、言いたいことが言える楽しさ、英語で人とつながっていく喜びを、少しでも体感してもらえたなら、著者としてこの上なく幸せです。

Nobu Yamada

# 本書の使い方

　本書では，**自分でビデオカメラを持っているような「1人称視点」**で描かれたイラストを見ながら，ふきだしの内容を**自分のせりふのつもりでパッと言う**練習をしていきます。いわば，実際の英会話のシミュレーション（イメージトレーニング）です。

　具体的な場面が絵で与えられているので，無味乾燥な和文英訳練習と違って，**発話の必然性**と**使用実感**を味わいながら英会話の練習ができます。
　① 逐語的な「和文英訳」ではなく，できるだけ自分の力で文を組み立てること
　② 発話の必然性が感じられる内容を題材とすること
　③ 言語として「実際に使う」という実感をもって練習すること
　このメソッドの最大の特長である上の3点は，実践的な語学力を身につける上で非常に重要な要素となります。

　イラストを使ったこの新メソッドを，**FPS（first-person view speaking）トレーニング**と名づけました。この本で，英語をしっかりと自分のものにしてください。

## 〈学習のしかた〉

ちょっとおしゃべりした，
外国からの観光客とお別れ。 　　●場面の説明です。

　　●イラストは，読者のみなさんがビデオカメラを持っているような視点で描かれています。

日本を楽しんでいって
くださいね！ 　　●相手に伝える内容です。これを英語で言う練習をします。
　　●解答例は次のページにあります。

## CD について

本書の CD には，解答例の**英文のみ**が収録されています。会話の**相手からの問いかけに応じて発言するパターンの場合(場面説明に「〜と言われた」のように書いてある場合)は，相手の発言が先に読まれます**。CD には日本文は収録されていません。

## 学習アドバイス

日本文を見つめながら考えこんでしまってはいけません。**「瞬発力」を意識して，とにかくパッと言えるようになるまで繰り返し練習をしてください**。そうすると，知らず知らずのうちに表現の基本パターンが自分のものになり，この本に収録されていない場面でも応用できるようになるはずです。

## ふきだしの日本文について

本書のふきだし内の日本文は，あえて口語的で，主語などが不完全なものにしてあります。これは，本書の目標とするスキルが，「人工的に整えられた日本文を一字一句正確に英訳する」ことではないためです。本書が目指すのは，**「状況を読み取って，自分の力でその場面に応じた主語や動詞を選び，自然な英文を組み立てる」スキル**の育成です。「自然な日本語」と「自然な英語」との発想の違いや，「えっ!? こんなに簡単な言い方でいいんだ!」という発見を楽しんでください。

## 解答について

本書で示している解答は，あくまでも一例です。示したもの以外にもいろいろな言い方がありえます。

## 表現・表記について

アメリカとイギリスで表現・表記が異なる場合には，本書ではアメリカ英語を採用しています。解説なども原則としてアメリカ英語を前提に書かれています。

# Contents

## Scene 3
## 日常のあいさつ
*Everyday Greetings*

## Scene 4
## 聞き返し・つなぎ
*Confirming and Pausing*

## Scene 5
## 英語について
*Asking about English*

## Scene 6
# あいづち
*Responses*

## Scene 7
# お礼
*Expressing Gratitude*

## Scene 8
# 感想
*Impressions*

## Scene 9
## ほめる
*Compliments*

## Scene 10
## 気づかう
*Sympathizing*

## Scene 17
## 日本を案内する
*Showing Someone around Town*

## Scene 18
## 家を訪ねる
*Visiting a Friend's House*

## Scene 19
## 自宅に招待する
*Having Friends Over*

## Scene 20
### 食事会・飲み会
*Dining Out with Friends*

# 初対面

## Meeting Someone for the First Time

 **Track 01**

初対面の相手との最初のあいさつや，別れるときのやりとりです。

answers on next page

**❶** 初めて会う相手に
あいさつして，握手しよう。

**❷** ずっとメールだけで仕事のやりとり
をしていた人と，初の対面。

初めまして。トモコといいます。
よろしくお願いします。

やっと会えましたねー。

## ❶ Hi. I'm Tomoko. Nice to meet you.

Hi, I'm ~. Nice to meet you. は，初対面のあいさつの典型的なパターンです。目上の人に対しても，最初の声かけは Hi. で問題ありません。「よろしくお願いします」にあたるあいさつはないので，Nice to meet you.（会えてうれしいです）と伝えましょう。

## ❷ It's nice to finally meet you.

「やっと，ついに」という意味の finally を使います。It's nice to finally meet you, Mr. Miller. のように相手の名前をつけると，よりフレンドリーに聞こえます。

---

### 「初めまして」のあいさつ　　　　　Communication Tips

「お会いできてうれしい」という気持ちを伝えるあいさつとしては Nice to meet you. / It's nice to meet you. のほかにも，やや改まった Glad to meet you. や Pleased to meet you. / It's a pleasure to meet you. などがあります。

これらの表現は，顔を合わせて最初のひと言として使うよりも，① Hi. / Good morning. など，出会いの第一声 → ②名乗り（I'm ~.）のあとに，「よろしくお願いします」と同じようなタイミングで使う方が自然です。

Nice to meet you. と言われたら，Nice to meet you too, Mr. Miller. のように相手の名前を添えて返すと，感じのいい言い方になります。

初対面

**❸**
友達ミカの彼氏(外国人)と
初対面。簡単に自己紹介しよう。

**私はトモコです。ミカとは,
同じ会社で働いてます。**

**❹**
友達の彼氏に「あなたのお話は
たくさん聞いてますよ」と言われた。

**いい話だといいんですが(笑)。**

answers on next page

**❺**
何となく会話が始まり,自己紹介の
タイミングを逃してしまった。

**ところで,私はトモコといいます。**

**❻**
同僚を紹介しよう。

**こちらは加藤さん。
私と同じ部署の先輩です。**

## ❸ I'm Tomoko.  I work with Mika.

会社の同僚であることを伝えるには，「私はミカといっしょに働いています」と言えば OK です。

## ❹ All good, I hope.

**相手：I've heard a lot about you.**
「（あなたが聞いている話が）いいことだけだといいな」という意味で，All good, I hope. や Only good things, I hope. のように言います。

## ❺ By the way, I'm Tomoko.

自ら名乗ることをためらう人もいるかもしれませんが，英語圏では，相手ともっと仲良くなりたいと思ったら，会話の途中でもこのように名前を伝えます。

## ❻ This is Ms. Kato.  We work in the same department.

職場でも学校でも，「先輩」「後輩」を区別して伝える必要はありません。「同じ部署で働いています」と伝えるだけで十分です。

初対面

**❼**

友達が連れてきた
初対面の相手との別れ際に

**お会いできてうれしかったです。**

**❽**

見知らぬ人と少しだけ話して，
そろそろ切り上げ時。

**お話しできてよかったです。
じゃあ。**

answers on next page

**❾**

ちょっとおしゃべりした，
外国からの観光客とお別れ。

**日本を楽しんでいって
くださいね！**

## ❼ It was nice meeting you.

nice のかわりに「喜び」という意味の名詞 pleasure を使って It was a pleasure meeting you. と言うと，「お会いできてとてもうれしかったです」とさらに心のこもったあいさつになります。

## ❽ It was nice talking to you.  Take care.

たとえ短い出会いでも，Bye. のひと言で別れてしまうのはやっぱりさみしい感じがします。相手の存在を認めるこのひと言をかけることで，互いにぐっと温かい気持ちになれます。

## ❾ Enjoy your stay in Japan!

Enjoy 〜! は，「では，〜を楽しんでね」と相手を送り出すときの決まり文句で，夕食に出かける友人に Enjoy your dinner! と言ったりします。形は命令文ですが，見知らぬ人などに対しても，使うのをためらう必要はありません。

## Additional Exercises これも言ってみよう

初対面

**❶** 初対面の Ms. Brown から「鈴木さん，お会いできてうれしいです」と言われた。

> **ブラウンさん，私こそお会いできてうれしいです。**

**❷** 友達を紹介しよう。

> **こちらは私の友人のサエです。**

**❸** うわさに聞いていた人とやっと対面できた。

> **お会いするのをずっと楽しみにしていたんですよ。**

**❹** 相手の名前がよく聞き取れなかった。

> **すみません，もう一度お名前をうかがってもよろしいですか？**

**❺** 自分をどう呼んでほしいか伝えよう。

> **私はケンイチロウといいます。ケンと呼んでください。**

# Additional Exercises これも言ってみよう

## ❶ Nice to meet you too, Ms. Brown.

相手：Nice to meet you, Suzuki-san.

Nice to meet you. と言われたら，そのまま Nice to meet you too. と返せば OK です。

## ❷ This is my friend Sae.

いっしょにいる友達を紹介するときは，This is 〜.（こちらは〜です）を使います。紹介した友達についてさらに説明を加えるときは，Sae is 〜. のように名前を使うようにしましょう。本人の目の前で He is 〜. や She is 〜. と言うのは失礼にあたることもあるので注意してください。

## ❸ I've been looking forward to meeting you.

現在完了進行形 have been looking にすることで，「以前から今までずっと〜していた」という意味の文になります。

## ❹ I'm sorry, may I have your name again, please?

What's your name? は直接的で子供っぽい聞き方です。くだけた会話を除いては，May[Can] I have 〜? の形で丁寧に聞くようにしましょう。

## ❺ I'm Kenichiro.  Just call me Ken.

自分の名前が外国人にとって覚えにくかったり，発音しにくかったりする場合は，このように言いやすい呼び名を先に伝えておいてもよいでしょう。Just call me 〜. で「〜と呼んでくれればいいよ」という感じですね。

# Scene 2

# 自己紹介・質問

## Getting to Know Each Other

 Track 02

初対面の相手に，自分のことを紹介したり，相手のことについて質問したりするときのやりとりです。

answers on next page

**❶** 友達の由紀が連れてきた外国の人に話しかけてみよう。

**由紀とはどういうお知り合いですか？**

**❷** どこの国の人だろう？

**ご出身はどちらなんですか？**

# ❶ How do you know Yuki?

「どのように（どうやって）知っているのですか」と考えて how で尋ねます。人に限らず，物事について「〜をどうして知っているのですか」と尋ねるときにも How do you know 〜? を使います。

# ❷ May I ask where you're from?

Where are you from?（どこの出身ですか）と聞いてももちろん通じますが，このように May I ask 〜?（〜を伺ってもよろしいですか）の形で聞くことで，ぐっと丁寧な印象を与えることができます。

---

## 自己紹介　　　　　　　　　　　　　Communication Tips

　英語で自分の職業を伝えるときは，「会社員です」「公務員です」などのレベルよりも，もう少し具体的に伝えるのが普通です。I'm a ＋職業名 . / I work at ＋職場 . / I'm in the 〜 business. などのパターンがあります。

☐ **I'm a computer programmer.**（プログラマーです。）

☐ **I'm a homemaker.**（主婦です）　☐ **I'm retired.**（退職しています）

☐ **I work at a post office.**（郵便局で働いています）

☐ **I'm in the trading business.**（貿易関係です）

　相手の職業は「何をなさっているんですか」という意味の What do you do（for a living）? で尋ねましょう。What's your job [occupation]? は，入国審査官の質問のような印象を与えてしまいます。

❸ オーストラリア出身らしい。
前に旅行に行ったことがあるけど…。

**オーストラリアの
どのへんですか?**

❹ 仕事を聞かれた。

自己紹介・質問

**自動車会社で
働いています。**

answers on next page

❺ 職業を聞かれたので,
今度は相手に聞き返したい。

**あなたは?**

❻ 日本には,仕事で来てるのかな?
それとも旅行や留学?

**日本には,
どうして来られたんですか?**

## ❸ Where in Australia?

相手：I'm from Australia.
Where in Tokyo? / Where in the US? のように
使います。What part? と聞いても OK です。

## ❹ I work at a car company.

相手：What do you do?
What do you do? は，相手の職業を尋ねる決まっ
た表現。I work at 〜.（〜で働いています）のよう
に職場を答えるか，I'm a teacher.（教師です）の
ように職業名を答えましょう。

## ❺ How about you?

「あなたはどうですか？」の意味で，相手に聞かれた
ことをそのまま聞き返すときの基本的な返し方です。

## ❻ What brought you to Japan?

brought は bring(持って来る) の過去形。直訳する
と，「何があなたを日本に持って来たのですか」とな
ります。Why did you come to Japan? と言って
しまうと「なぜ日本に来たんだ」と問い詰めるよう
な感じに聞こえるので避けてください。

**❼**

相手のことをもっと知りたい。
趣味を尋ねてみよう。

お休みのときなんかは，
何をされてるんですか？

**❽**

どんなことをするのが好きですか？
と聞かれた。

今は海外ドラマに
はまってます。

自己紹介・質問

answers on next page

**❾**

大学生だという相手に質問。

今，何年生？

**❿**

一人っ子なのかな？

ごきょうだいは？

## ❼ What do you do in your free time?

日本人が言いがちなのが What's your hobby? ですが，hobby という単語にはフォーマルな響きがあり，くだけた会話ではあまり使われません。「自由な時間はどう過ごしていますか」と尋ねるのが一般的。

## ❽ I'm hooked on foreign dramas now.

相手：What do you like to do?
hook は「引っかける」という意味。be hooked on ～で「～にはまっている」という意味になります。似た意味の be into ～を使って，I'm into foreign dramas now. と言うこともできます。

## ❾ What year are you in?

各学年の呼び方は，「大学1年」から順に freshman year, sophomore year, junior year, senior year といいます。

## ❿ Do you have any brothers or sisters?

英語では，「兄弟か姉妹はいますか」と聞きます。「お子さんはいますか？」なら Do you have any children? となります。

⓫

パーティーでピアノを披露
してくれた人に。

⓬

家族と住んでるの？と聞かれた。

自己紹介・質問

**ピアノはいつから
やってるんですか？**

**大宮で一人暮らししてます。**

answers on next page

## Additional Exercises これも言ってみよう

**①** 英語圏では，血液型よりも
星座の話がポピュラーらしい。

**星座は何座ですか？**

**②** 少し仲良くなった人に
思い切って質問。

**ご結婚されてるんですか？**

**③** 職業を聞かれた。
フルタイムの仕事じゃないけど…。

**レストランでアルバイトを
しています。**

**④** 日本の大学に留学に来ている
という相手に。

**ご専攻は何ですか？**

# ⓫ When did you start learning the piano?

「いつから〜しているのですか」は、「いつ〜し始めましたか」と考えて When did you start 〜ing? で尋ねます。「日本語はいつから習っているんですか」なら、When did you start learning Japanese? となります。

# ⓬ I live by myself in Omiya.

相手：Do you live with your family?
「両親と住んでいます」なら I live with my parents. となります。「生まれは大阪ですが、大学に入るときに引っ越してきました」なら I was born in Osaka, but I came here for college. のように言いましょう。

## Additional Exercises これも言ってみよう

### ❶ What's your sign?

「星座」は sign で伝わります。自分の星座の英語名を調べておきましょう。

### ❷ Are you married?

日本と同じで、この質問を不愉快に思う人もいます。不適切ではないかを慎重に考えてから尋ねるようにしましょう。

### ❸ I work part-time at a restaurant.

work part-time で「アルバイトをする」の意味。part-time job という名詞を使って I have a part-time job at a restaurant. と言うこともできます。

### ❹ What's your major?

「専攻」は major。What are you majoring in? とも言います。ちなみに、アメリカでは2科目を同時に専攻できる制度があり、double major と言います。

# 日常のあいさつ

Everyday Greetings

🎵 Track 03

毎日の生活の中で，知っている人と会った
ときや別れるときの基本的なあいさつで
す。

answers on next page

**❶** 先月知り合った人と再会。
「また会えましたね」と言われた。

**❷** 英会話の先生にあいさつされた。

> **また会えましたね。
> お元気でしたか？**

> **あ，Miller 先生！
> 私は元気ですよ。先生は？**

# ❶ Nice to see you.  How are you doing?

相手：Nice to see you again, Tomoko.
Nice to see you again. と言われたら Nice to see you. と返せば OK です。How are you doing? や How have you been？などと続けましょう。

# ❷ Hi, Ms. Miller.  I'm doing good.  How are you?

相手：Hi, Kenta.  How are you doing?
英会話の場合，「聞き返すのがマナー」と心得ておきましょう。聞き返すときは，How are YOU? のように you を強調して発音します。

---

## 「お元気ですか？」のやりとり　　　Communication Tips

「お元気ですか？」「調子はどうですか？」と尋ねるときには，How are you? 以外にも，次のような表現がよく使われます。

- ☐ **How are you doing?**　　☐ **How's it going?**
- ☐ **How's everything?**　　☐ **How's everything going?**

これらに対して「元気です」「順調です」と答えるときには，I'm doing good. / Pretty good. / Not bad. / Not too bad. などと応じましょう。学校で習う I'm fine. でももちろん OK ですが，ややよそよそしい印象になります。

答えたあとに，相手に How are you? / And yourself? などと聞き返すのを忘れないようにしてください。

❸

髪型がずいぶん変わったなあ。

**髪，切りました？**

❹

彼と会うのは 2 年ぶり！

**おひさしぶりですねー。
お元気でしたか？**

日常のあいさつ

answers on next page

❺

お付き合いがある取引先に訪問。

**いつもお世話になっています。**

❻

親しい友達に会ったら
「最近どう？」と声をかけられた。

**あいかわらず。**

## ❸ Did you get a haircut?

Did you cut your hair? と言ってしまうと，「（自分で自分の）髪を切った？」という意味になってしまうので注意。「似合ってますよ」とほめるなら It looks great. と続けましょう。

## ❹ It's been a long time.  How have you been?

「ひさしぶり！」の意味で Long time no see. という表現もありますが，くだけた言い方なので，目上の人にはあまり使いません。It's been a long time. は，相手を選ばない無難な表現です。

## ❺ Hi, how are you?

「お世話になっています」にあたる英語はないので，取引先の偉い人が相手であっても，ごく普通のあいさつをすれば OK です。「ハ〜イ！」ではなく，きびきびと，心を込めてあいさつすることが大切です。

## ❻ Not much.

**相手：Hey, Kenji.  What's up?**
友達同士で使われるくだけたあいさつで，「最近何かあった？」―「別に」という感じのやりとりです。What's up? にそのまま What's up? で返すこともあります。

**❼**

友達との別れ際。

じゃあね。

**❽**

いっしょに夕食を食べた
知り合いと，別れ際に。

おやすみなさい。

日常のあいさつ

answers on next page

**❾**

もう夜遅い。
車で帰る友達を見送ろう。

気をつけて帰ってね。

**❿**

初回打ち合わせが無事終了。
そろそろ失礼しよう。

今日はありがとうございました。
では，失礼します。

## ❼ Take care.

カジュアルな別れのあいさつで，See you. も同じように使います。親しい場合には，次に会う約束をしていなくても See you soon. と言ったりもします。

## ❽ Have a good night.

夜に別れるときの定番のあいさつ。Good night. だけでも大丈夫です。

## ❾ Drive safely.

「安全運転で行ってね」という意味で，車を運転して帰る相手に対する，別れ際の決まり文句です。

## ❿ Thank you for your time today.　Have a good day.

「あなたのお時間をありがとうございました」のように伝えると好印象です。去り際の「失礼します」はExcuse me. などと言わずに，Have a good day/night. などの普通の別れのあいさつをします。

**⑪**

先に帰宅する同僚に。

日常のあいさつ

お疲れさまでした。

answers on next page

## Additional Exercises これも言ってみよう

**❶** 日本に留学に来ている学生に
近況を尋ねよう。

学校はどう？

**❷** 金曜の夜，別れ際に。

よい週末を。

**❸** たまに会う顔見知りと，別れ際に。
次にいつ会うかはわからないけど…。

じゃあまた。

# ⓫ Good night.

「お疲れさま」を直訳して You must be tired. など
と言う必要はありません。職場での帰り際も,「おや
すみなさい」や「また明日」(See you tomorrow.)
のように, 普通の別れのあいさつをすれば大丈夫。

## Additional Exercises これも言ってみよう

### ❶ How's school?

このように聞かれたら, It's all right. (まあ順調にやってます) のように答える
場合が多いです。ちなみに「仕事はどうですか?」なら How's work? となりま
す。これに対しては, It's all right. Keeping busy. (まあ順調です。忙しくや
ってます) / Work is slow this time of year. (この時期はそれほど忙しくない
ですね) のように答えます。

### ❷ Have a good weekend.

金曜日の別れ際には, See you tomorrow. のかわりにこのように言います。

### ❸ See you around.

次に会う日が決まっていない, 不定期に顔を合わせる相手に対して使う別れのあ
いさつです。ちなみに See you again. は直訳すると「また会いましょう」です
が, 実際には, 再会する見込みがあまりない人に対してよく使うあいさつです。

# 聞き返し・つなぎ

## Confirming and Pausing

**CD** Track 04

相手の言ったことが聞き取れずに聞き返したり，英語が出てこなくて間を埋めたりしたいときに使うフレーズです。

answers on next page

 取引先が言ったことが
聞き取れなかった。

 この人，早口すぎて聞き取れない！

**すみません，
もう一度よろしいですか？**

**すみません，もうちょっとゆっくり
話していただけますか？**

# ❶ I'm sorry, could you say that again, please?

相手が言ったことがわからないと，ついあたふたしてしまいがち。丁寧に依頼するときの基本表現Could you 〜?（〜していただけますか）を使って，落ち着いてお願いしましょう。

# ❷ I'm sorry, could you speak a little more slowly, please?

「(今よりも)もうちょっとゆっくり」は a little more slowly で表します。

---

## 聞き返し　　　　　　　　　　　　　Communication Tips

　相手の言葉が聞き取れなかったときに，思わず日本語で「えっ？」と言ったり，What?（何？）と言ったりすることは，相手に失礼な印象を与えるので避けましょう。

　丁寧に聞き返すときは，上記のI'm sorry, could you say that again, please? を使いますが，I'm sorry? だけでも十分に丁寧な聞き返し表現になります。また，カジュアルな場面では Sorry? だけでも問題ありません。友達などとの会話では，What's that?（何だって？）という表現も使われます。

**❸**

地元でおすすめの
観光スポットを聞かれた。

えー，そうだなぁ…。

**❹**

英語でどう説明していいか
わからないぞ。

えーっと，なんて言えば
いいんだろう…。

answers on next page

**❺**

インターネットでの英会話レッスン。
相手の声が小さくて聞き取れない。

もうちょっと大きな声で
お願いできますか？

**❻**

おっと！　2人で同時に
話し出してしまった。

すみません，
お先にどうぞ。

聞き返し・つなぎ

## ❸ Well.... Let me see....

考える時間を稼ぐために使う，言いよどみの表現です。Let's see. や Let me think. も同じように使われます。

## ❹ Uh.... How do I say it?

言い方がわからなくても，完全に黙ってしまうことはできるだけ避けましょう。言葉が出てこなければ，「言い方がわからない」と伝えて相手に待ってもらうようにしましょう。

## ❺ Could you speak a little louder, please?

友人同士のくだけた会話では Could you speak up? （もう少しはっきり話して）と言ったりもします。

## ❻ Sorry, go ahead.

「どうぞ」は please ではありません。このように相手を促す「どうぞ」は Go ahead. を使います。ちなみに，エレベーターなどで相手を先に通すときに言う「どうぞ」は After you. です。

# 英語について

Asking about English

CD Track 05

単語の意味を尋ねたり，英文のチェックを
お願いしたりするときのフレーズです。

answers on next page

英語について

**❶** 先生が言った，知らない単語の
意味を聞きたい。

**❷** 先生の言っている単語，
何度聞いても聞き取れない。

**amiableってどういう意味ですか？**

**どういうスペルですか？**

## ❶ What does "amiable" mean?

What does 〜 mean? という語順に注意してください。What means "amiable"? というミスをしてしまう人が多いです。

## ❷ How do you spell that?

spell は「〜をつづる」という意味の動詞です。主語を you にして質問するのがポイントです。

---

### 意味の聞き方 　　　　　　　　　　　　Communication Tips

　言葉の意味を聞くときには，mean という動詞を使って，上のように What does 〜 mean? と尋ねるのが基本です。meaning（意味）という名詞もありますが，What's the meaning of 〜? という聞き方はあまりしません。

　相手の言ったことについて「それはどういう意味ですか」と尋ねるときは，What does that mean? と言います。（インフォーマルな言い方ですが，What's that mean? と短縮して言うこともあります。）

　What do you mean?（あなたの言ったことはどういう意味ですか）という表現もありますが，口調によっては「どういう意味だ」のように攻撃的に聞こえる場合もあるので注意してください。

**❸**

英単語の意味を英語で説明されても，
やっぱりピンと来ないなあ。

ちょっと辞書で調べてみますね。

**❹**

先生に聞いてみよう。

「うらやましい」って
英語でなんて言うんですか？

answers on next page

**❺**

英文メールの下書きを
先生にチェックしてもらおう。

この英語をチェックしていただく
ことって，できますか？

**❻**

特に不安なところがあるんだけど…。

この表現は自然ですか？

英語について

### ❸ Let me look it up in my dictionary.

Let me ～. は，「～させてください」とカジュアルに許可を求める表現です。Let me のあとには動詞の原形が続きます。look up は「(言葉を)調べる」という意味です。

### ❹ How do you say "urayamashii" in English?

How do you spell that? (どういうスペルですか？)と同様に，主語を you にするのがポイントです。

### ❺ Do you think you could check my English?

Could you check ～? でも問題ありませんが，このDo you think (maybe) you could ～? を使うと，「～していただくことはできるでしょうか」のように，さらに控えめにお願いすることができます。

### ❻ Does this expression sound natural?

「この表現は自然に聞こえますか？」という意味の文にします。

❼

先生にリクエストしておこう。

もし英語が間違っていたら，
そのつど教えていただけますか？

answers on next page

## Additional Exercises これも言ってみよう

answers on next page

❶ 先生の前で音読していたら
読めない単語が出てきた。

これ，なんて発音するんですか？

❷ 使い分けが理解できない。
先生に質問。

store と shop の違いは
なんですか？

❸ 動詞の意味を教えてもらったけど
いまいちピンと来ない。

いくつか例文を
教えていただけますか？

英語について

## ❼ Could you correct me whenever my English is wrong?

correct me で「私（の間違い）を訂正する」という意味。whenever は「〜したときはいつでも」という意味です。

## Additional Exercises これも言ってみよう

### ❶ How do you pronounce this?

「どのように」発音するか尋ねたいので，how で文を始めます。「発音する」は pronounce。

### ❷ What's the difference between "store" and "shop"?

the difference between A and B で「A と B の違い」という意味です。

### ❸ Could you give me some examples?

丁寧に依頼するときの定番フレーズ Could you 〜? を使ってお願いしましょう。「例文」は example sentence とも言います。

# あいづち

Responses

 Track 06

相手の言ったことに同意するときなどに使
えるリアクションのフレーズです。

answers on next page

**❶** 日本は何でも過剰包装だよ，
という友達に。

**❷** 友達に「今日，ごはん食べに
行かない？」と誘われた。

そうだよね。

いいねー。

あいづち

# ❶ You're right.

相手：All this packaging is a waste.
「あなたは正しいです」が直訳。「確かにそうだね」と相手の主張を認めるときに使います。I agree. という表現もありますが，これは議論の中で「私もそう思う」と同意するときに使います。

# ❷ Sounds great.

相手：Do you wanna go have lunch today?
相手の誘いに応じるとき，カジュアルな場面で非常によく使われる決まり文句です。Sure. も同じ意味で使えます。

---

## あいづちのバリエーション　　　　Basic Expressions

- ☐ **Oh, yeah?**（へーそうなの）
- ☐ **I see.**（なるほど / わかりました）
- ☐ **Really?**（本当？）
- ☐ （I like ～. などの現在形に対して）
  → **Do you? / You do?**（へーそう）
- ☐ （I went ～. などの過去形に対して）
  → **Did you? / You did?**（へーそう）
- ☐ **Is that right?**（本当ですか？）

- ☐ **Are you sure?**（確かですか？）
- ☐ **Is that so?**（そうなんですか）
- ☐ **Uh-huh.**（うんうん）
- ☐ **I got it.**（わかりました）
- ☐ **I agree. / I think so, too.**
  （私もそう思います）
- ☐ **That's right. / Exactly.**（その通り）
- ☐ **That's true.**（本当にそうですね）

**❸**
取引先から食事に誘われた。

**ぜひごいっしょさせてください。**

**❹**
すごく対応が悪いレストランに
行った，という話を聞いて。

**それはひどいですね。**

answers on next page

**❺**
あの鈴木さんってほんと失礼！
と怒っている。

**ああ，そうなんですよ。**

**❻**
英会話の先生が，急にアメリカに
帰ることになったらしい。

**えっ，どうしてですか？**

あいづち

## ❸ I would love to.

相手：Would you like to join us for dinner?
Would you like to ～? は「～するのはいかがですか」という丁寧なお誘いです。「ぜひ」というニュアンスの I would love to. で応じていますが，これは Sounds great! に比べて丁寧で上品な返答です。

## ❹ That's awful.

相手：We waited for an hour to be served.
That's ～. は，相手の発言に「それは～だね」と反応するときの定番の文型です。awful は「ひどい，いやな」という意味。ちなみに相手の発言は「料理が出てくるまで１時間待たされた」の意味です。

## ❺ Yeah, I know.

相手：Mr. Suzuki is so rude.
相手の発言に対して，「言ってること，よくわかるよ」と共感するフレーズ。Yeah, tell me about it.（まったくその通り）と返したりもします。

## ❻ Oh, how come?

相手：I have to go back to the US.
Why? は直接的で，「一体，どうしてなの？」と問い詰める感じになりかねないので，単純に理由を尋ねたいときは，How come? を使うのが好まれます。

**❼**　友達が突然，仕事をやめると
言い出した。

えっ，本気？

answers on next page

## Additional Exercises これも言ってみよう

**❶**　心配していた友人の近況を聞いたら
元気でやっているとのこと。

それはよかった。

**❷**　近所にできた新しい中華料理店に
昨日行った，と友達に言われて。

あ，行ったの？

**❸**　「あの会議って時間の無駄だよね」
という相手に。

まったくもって
その通り。

あいづち

53

## ❼ Are you serious?

相手：I'm thinking of quitting my job.
耳を疑うようなことを聞いて「本気で言ってるの？」と確認するリアクションです。You're kidding. やNo way! も同じように使えます。抑揚たっぷりに発音すると，驚きがよく伝わります。

## Additional Exercises これも言ってみよう

### ❶ I'm happy to hear that.

相手：He's doing well.

何かいい知らせを聞いて喜ぶときに。反対に，体調を崩した，などの悪い知らせに対しては I'm sorry to hear that. と言って同情を表します。

### ❷ Oh, did you?

相手：I went to the new Chinese restaurant yesterday.

「へぇ，そうなんだ？」の感覚で使える定番のあいづち。これは一般動詞の過去の文のときのパターンですが，I'm tired. のような be 動詞の文に対しては Are you? となり，I've seen it. のような現在完了形の場合には Have you? となります。

### ❸ You're exactly right.

相手：That meeting is a waste of time.

exactly は「正確に」という意味。「まったくもってその通り」のような強い同意を表すあいづちです。You can say that again.（「それをもう1度言ってもいいくらいだね」が直訳）も同じ意味でよく使われます。

# お礼

Expressing Gratitude

🎵 **Track 07**

「ありがとう」とお礼を言うときや，お礼
に対して「いいえ」と返すときのフレーズ
です。

answers on next page

❶ 仕事を手伝ってくれた人に
お礼を言おう。

**ありがとうございます。
本当に助かります。**

❷ 「その英文，チェックして
あげようか？」と同僚に言われた。

**そうしてくれるとすごく助かる！
ありがとう！**

お礼

# ❶ Thank you. I really appreciate it.

「本当にありがとう！」のように心からのお礼を言うときは，Thank you so much. でももちろん OK ですが，この2文をさらりと言えるとスマートですね。appreciate は「～をありがたく思う」という意味です。

# ❷ That'd be great. Thanks.

**相手：Do you want me to take care of that?**
take care of ～ は「～を処理する」の意味。応答のThat'd be は，That would be の略ですが，That の t を d に変えて Thad be のように発音するのがコツです。

---

## お礼の言い方・返し方 　　　　　　　　　　　**Communication Tips**

　「～をありがとう」のように具体的にお礼を言う場合は，Thanks[Thank you] for ～. で表します。for のあとに動詞がくるときは ing 形にします。

☐ **Thanks for your e-mail.**（メールをありがとう）

☐ **Thank you for your time.**（お時間をありがとうございました）

☐ **Thanks for coming.**（来てくれてありがとう）

　実際の話し言葉では，Thank you very much. よりも Thank you so much.（またはより気軽な Thanks a lot.）がよく使われます。

**❸** 後日。英文のチェックを手伝って
くれたお礼を渡そう。

**❹** 「ありがとう」と感謝された。

これ，この前のお礼です。

いいえー。

answers on next page

## Additional Exercises これも言ってみよう

**❶** 夕食をおごってもらった
お礼を言おう。

とてもおいしい晩ご飯，
ありがとうございました。

**❷** 遊びに連れ出してくれた人に
お礼を。

今日は誘ってくれてありがとう。
すごく楽しかった。

お礼

### ❸ This is a little something for helping me out the other day.

英語圏では,「先日はありがとうございました」と言う習慣はあまりありません。「先日助けてくれたお返しに,ちょっとした物を持ってきました」と,日本語の場合よりも具体的にお礼を言うのがポイントです。

### ❹ No problem.

相手：Thank you so much.
Sure. / No problem. / Don't mention it. / It's my pleasure. が定番の返事。「いえ,こちらこそありがとうございます」と言いたいなら No, thank YOU. のように you を強調して言いましょう。

## Additional Exercises これも言ってみよう

### ❶ Thank you for the delicious dinner.

Everything was great.（すべておいしかったです）のように続けると,さらに好印象です。

### ❷ Thanks for inviting me today. I had a great time.

「また近々会おうね」とつけ加えたいなら,Let's get together again soon. と言いましょう。また,I want to take you to my favorite restaurant.（お気に入りのレストランに連れていきたいな）などと具体的に提案すると,楽しみ倍増！

# 感想

## Impressions

🅒 Track 08

「どう？」「どうだった？」のように相手の
感想を尋ねたり，自分の感想を伝えたりす
るときのフレーズです。

answers on next page

**❶**

揚げ出し豆腐，気に入って
くれたかな？

どう？

**❷**

気になる料理を発見！

あれ，おいしそうじゃない？

# ❶ How is it?

感想を聞くときの How を使いこなせるようにしましょう。初めて食べた感想を聞くなら，How do you like it? と言うこともできます。「どうだった？」と過去形で聞くなら How was it? / How did you like it? となります。

# ❷ That looks good, doesn't it?

〈look ＋形容詞〉で「〜に見える」という意味です。It looks good.（おいしそう）や You look happy.（元気そうだね）のように，見た目の印象を表します。

---

## 感想の言い方　　　　　　　　　　　　Basic Expressions

「どうだった？」と感想を尋ねるときは，How was 〜? を使います。

☐ **How was the trip[test, food]?**（旅行[テスト，料理]はどうだった？）

この質問に対して，It was ＋形容詞 . または That was ＋形容詞 . の形で，いろいろな感想を答えることができます。

☐ **It was good.**（よかったです / おいしかったです / 上手でした）

☐ **It was fun.**（おもしろかったです / 楽しかったです）

☐ **It was great.**（すばらしかったです / すごくよかったです）

☐ **It was exciting.**（おもしろかったです / ワクワクしました）

それぞれの形容詞の前に really（本当に，実に）を入れると，意味を強めることができます。

---

**❸**
そっちのパスタはどう？
おいしい？と聞かれたけど…。

**別に，普通。**

**❹**
「テストどうだった？」と聞かれて。

**まあまあだったよ。**

answers on next page

**❺**
映画館を出て，
「どうだった？」と聞かれた。

**すごく怖かった！**

**❻**
30 代だと思っていたあの先生は，
なんと 50 代らしい。

**本当？ えー意外！**

## ❸ It's okay.

相手：How is your pasta?
特に感想がないくらい普通…そんなときに使えるのが It's okay. です。It's normal. とは言わないので注意。

## ❹ Not bad.

相手：How was the test?
「まあまあ」のつもりで so-so を使う人がいますが, so-so は, どちらかと言うと否定的。「まあまあできたよ」というポジティブな感じだったら, Not bad. や It was all right. のように言います。

## ❺ That was really scary.

相手：What did you think?
感想を表すときは形容詞 1 語だけではなく, 〈That is/was 〜.〉の文の形で言うとぐっと自然になります。「すごくよかった」なら That was really good.,「感動した」なら That was touching. です。

## ❻ Really?  I'm surprised!

相手：He's actually fifty-five.
「意外！」は「驚いた！」と考えてこのように表現します。Really? も I'm surprised. も, ネイティブが会話でよく使う表現です。

感想

**❼** 友達と買い物中にかわいいものを
発見。同意を求めよう。

**これ，かわいくない？**

**❽** 試着して，いっしょに買い物に
来ている友達の意見を聞こう。

**どう？ 似合う？**

answers on next page

**❾** 友達が試着室から出てきたけど，
微妙に似合ってないなあ。

**どうかなー。
ちょっと違うかも。**

## ❼ Isn't this cute?

疑問文の最初の語に not をつけると，「～じゃない？」と同意を求める表現になります。「このコーヒー，おいしいんじゃない？」なら Isn't this coffee good? と言います。

## ❽ How do I look?

服装や外見の感想を尋ねるときの定番の質問。How do I look? で「(見た目は)どう？」の意味。What do you think?（どう思う？）もよく使います。

## ❾ I don't know, something's not right.

理由をはっきり言わずに「何かが違う」と間接的に否定したいときに便利なのが something's not right。I don't know. をつけ加えると，さらにあいまいさがアップ。「いいね，似合ってるよ！」なら It looks good! と応じます。

## Additional Exercises これも言ってみよう

感想

**❶** 自分の意見について、
相手の感想を聞こう。

> **どう思いますか？**

**❷** 駅前のタイ料理店に
行ってきた，という相手に。

> **おいしかった？**

**❸** 「旅行どうだった？」と
聞かれた。

> **すごく楽しかったです。**

**❹** 「新しいレストランは
どうだった？」と聞かれた。

> **お料理がおいしかったです。**

**❺** 「沖縄はどうだった？」と聞かれた。

> **海がすごくきれいだった。**

**❻** 昨日見たサッカーの試合の
感想を聞かれた。

> **すごくエキサイティング
> でした。**

## Additional Exercises これも言ってみよう

### ❶ What do you think?

疑問詞は how ではなく，what を使う点に注意しましょう。

### ❷ Was it good?

delicious は「実においしい」という意味のほめ言葉なので，「おいしい」は good を使うのが基本です。How was it?（どうだった？）や Did you like it?（気に入った？）などと聞いてもいいでしょう。

### ❸ I really enjoyed it.

相手：How was the trip?

It was very interesting. とすると「とても(知的に)興味深い旅行でした」のように聞こえます。単純に「楽しかった」と言いたいなら，enjoy を使ってこのように言いましょう。同じ意味で，I had a great time. / I had a lot of fun. ともよく言います。

### ❹ The food was good.

相手：How was the new restaurant?

物の善しあしを表す形容詞を覚えておくと便利です。「すばらしい」は excellent / amazing / great，「まあまあいい」は pretty good，「普通」は okay，「悪い」は bad，「最悪」は terrible。

### ❺ The sea was beautiful.

相手：How was Okinawa?

景色を表す形容詞は，ほかに amazing（驚くほどすばらしい），unbelievable（信じられないくらいすごい）などもおすすめ。

### ❻ It was really exciting.

相手：How was the game?

反対に「つまらなかった」は It was boring. と言います。

# ほめる

## Compliments

CD Track 09

相手をほめたり，祝福したりするときの表現と，自分がほめられたときの応じ方です。

answers on next page

**❶** 試験に念願の合格を果たして，うれしそうな相手に。

**❷** トロフィーのコレクションを自慢された。

よかったね！

わぁ，すばらしいですね！

# ❶ That's great!

相手：I passed the test.

いい報告を受けて「よかったね」と応じる第一声の定番フレーズです。同じ意味で Good for you! とも言います。Congratulations!（おめでとう）も使えます。

# ❷ Wow! Impressive!

相手：I won these trophies back in college.

impressive は「見事な，印象的な」という意味の形容詞で，このように単独でよく使われます。同じ意味で I'm impressed. とも言えます。相手の発言は「学生時代にこれらのトロフィーを取ったんだ」の意味。

---

## お祝いの言葉　　　　　　　　　　Basic Expressions

相手からいい知らせを聞いて，それを祝う言葉には次のようなものがあります。

☐ **That's good! / That's great!**（よかったね！）

☐ **Good for you!**（よかったね！）

☐ **Congratulations!**（おめでとう！）

☐ **You did it!**（ついに，やりましたね！）

☐ **Way to go!**（やったね！）

☐ **I'm so happy for you.**（それを聞いて，私もとてもうれしいです）

---

**3**
実は空手の黒帯を持っている
という相手に。

すごいですねー！

**4**
同僚が，入手困難な最新携帯を
買えたとのこと。触らせてくれた。

いいなー。

ほめる

answers on next page

**5**
母国にいるという
お兄さんの写真を見せてくれた。

イケメンですねー。

**6**
友達が，ゆかた姿を
披露してくれた。

ゆかた，すごく似合うね。

## ❸ That's amazing!

相手：I have a black belt in karate.

amazing は「驚くべき」という意味です。このようなリアクションができると，相手もきっとうれしいですね！

## ❹ You're so lucky!

相手：Here.

「手に入れにくい物」や「自分もほしい物」を手に入れた相手に対して，「いいなぁ」と言うときのフレーズです。「明日から夏休みなんだ！」と喜ぶ相手に使ったりします。

## ❺ He's good-looking.

相手：This is my brother George.

男性の容姿について「かっこいい」と言うときは，good-looking という形容詞がよく使われます。女性について「きれいな方ですね」と言うなら She's very pretty. となります。

## ❻ You look great in a yukata.

「〜が似合う」は，look good[great] in 〜 で表します。「赤が似合うね」なら You look good in red. となります。

**❼**　やたらと日本のアニメに
くわしい相手に。

本当にアニメくわしいですね。

**❽**　初めていっしょにカラオケに
行った友達が，すごく上手！

わぁ，上手だね！

ほめる

answers on next page

**❾**　初対面の男性に，君は世界一美しい
女性だ！とべたぼめされた。

またまた，お世辞ばっかり。

**❿**　パソコンを教えてあげたら
「すごい能力だね！」と感謝された。

いやいや，全然
大したことないですよ。

# ❼ You really know a lot about anime.

相手をほめるときは，you を主語にして文を作るパ
ターンが多いです。「くわしい」は「たくさんのこと
を知っている」と考えましょう。

# ❽ Wow, you're good!

good には「上手な」という意味もあり，You're
good. は相手をほめる表現としてよく使われます。

# ❾ You're flattering me.

相手：You're the most beautiful woman I've ever met.
ほめられたときは，日本語の習慣から No, no! と否
定してしまいがちですが，相手の好意に対するお礼
として Thank you. と応じるのが基本です。flatter
は「お世辞を言う」という意味です。

# ❿ No, it's nothing.

相手：That was impressive.
It's nothing to brag about.（自慢するほどのこと
ではありません）とも言ったりもします。

# 気づかう

## Sympathizing

🎵 Track 10

相手に対する気づかいや同情を示したり，
励ましたりするときの表現です。

answers on next page

**①**
「今話せる？」と
悲しそうな様子。

**②**
かわいそうに，同僚は今週末も
休日出勤らしい。

いいけど，どうしたの？

それは大変だね。

# ❶ Sure, what's wrong?

**相手：John, do you have a few minutes?**
お願いに対して「いいよ」と応じるときは，事務的に聞こえてしまう Yes. のかわりに，Sure. や Of course. を使いましょう。「大丈夫？」と声をかけるなら，Are you okay? と尋ねます。

# ❷ That's too bad.

**相手：I have to work this weekend.**
That's too bad. は軽い同情の気持ちを表します。一方で，人が病気になったり亡くなったりして「お気の毒に」と深く同情するときには I'm so sorry. と言います。

---

## 同情・励ましの表現                    Basic Expressions

相手への同情や励ましを表す言い方には，次のようなものがあります。

☐ **That's too bad.**（それはお気の毒に）

☐ **I'm sorry.**（残念です）

☐ **I'm sorry to hear that.**（それを聞いて残念に思います）

☐ **I know how you feel.**（お気持ちはわかります）

☐ **Cheer up!**（元気を出して！）

☐ **Don't worry. It'll be okay.**（心配しないで。きっと大丈夫だよ）

☐ **Let me know if there's anything I can do.**
   （私にできることがあったら言ってね）

**❸** 本当に申し訳ない！と
全力で謝られた。

**❹** 新しく寮にやってきた外国の人に。

気づかう

**大丈夫，気にしないで。**

**日本での生活には
慣れましたか？**

answers on next page

**❺** 新しい環境で
大変だろうな。

**わからないことがあれば，
いつでも聞いてくださいね。**

## ❸ That's okay. Don't worry about it.

相手：I'm so sorry!
このひと言で，相手もだいぶ気持ちが楽になります。
「今度からは気をつけてね」と注意するなら Be careful next time, okay? と伝えましょう。

## ❹ Have you gotten used to life in Japan?

get used to ～（～に慣れる）の現在完了形を使います。「食事には慣れましたか」なら Have you gotten used to the food?，「ここでの生活はどうですか」なら How do you like living here? と聞きましょう。

## ❺ If you have any questions, ask me anytime, okay?

「何か聞きたいことはありませんか？」なら Is there anything you'd like to know?，「どんなことでも聞いてくれて構いませんよ」なら You can ask me anything. となります。

## Additional Exercises これも言ってみよう

**❶** かぜをひいたみたい，
という相手に。

> **大丈夫？**

**❷** 試験に落ちたという相手に。

> **それは残念でしたね。**

**❸** 骨折して，治るまで
時間がかかりそうだという相手に。

> **早くよくなるといいですね。**

気づかう

**❹** これからテストを
受けるという相手に。

> **大丈夫！きみならできるよ。**

**❺** 試験の結果を心配している相手に。

> **きっと大丈夫だよ。
> そんなに心配しないで。**

**❻** 今日も遅くまで働かないと，
という相手に。

> **無理しないでね。**

## Additional Exercises　これも言ってみよう

### ❶ Are you okay?

相手：I think I have a cold.

かぜをひいても頑張って学校に来たり，会社に来たりしている相手には，Are you okay? に続けて Take it easy, okay?（無理しないでね）と声をかけてあげましょう。

### ❷ I'm sorry to hear that.

相手：I failed the exam.

That's too bad. は軽い同情を表すので，相手がひどくがっかりしているときに使うのは避けましょう。「ごめんなさい」ではなく同情の気持ちを表す I'm sorry. を，ぜひマスターしてください。

### ❸ Hope you get better soon.

相手：It's going to take around 2 weeks.

(I) hope 〜. は，「〜するといいなあ」という願いを伝えるフレーズです。「(体調が)よくなる」は get better で表します。

### ❹ Good luck!  You can do it!

相手：I'm getting nervous.

相手が心配しているようであれば，Don't worry! You can do it! のように言って励ましてもいいでしょう。

### ❺ It'll be okay.  Don't worry so much.

相手：I think I failed the exam.

これから発表される試験結果について okay（大丈夫）と「予想」しているので，未来を表す will を使っています。

### ❻ Take it easy, okay?

相手：I have to finish it by tomorrow morning.

That's tough.（それは大変だね）のように，同情の言葉を一言添えてからこのように言うと，より思いやりの伝わる言い方になります。

# 依頼

Requests

🎵 **Track 11**

友達などに，いろいろなレベルの頼みごと
をするときの表現です。

answers on next page ⟶

依頼

**❶**　友達の家で。

トイレ借りていい？

**❷**　友達にちょっとお願い。

これちょっと持ってて。

# ❶ Can I use your bathroom?

「〜してもいいですか？」と気軽に許可を求めるときの基本表現は Can I 〜? です。友達や店員とのやりとりなど，日常生活で幅広く使えます。Can I 〜? に「はい」と応じるときは Yes. ではなく，Sure. やOf course. を使いましょう。

# ❷ Hold this for a second?

このような命令文を使った依頼は，基本的には仲のよい友達同士だけで使います。命令文でお願いをするときは，文末を上げ調子で発音するのが，きつい命令に聞こえないためのコツです。

---

## 依頼するときの言い方　　　　　Basic Expressions

下に行くほど丁寧な依頼になります。

☐ **Please open the window.**（窓を開けてください）…命令文なので，指示に近い言い方です。please がついていても，丁寧な表現ではありません。

☐ **Can you open the window?**（窓を開けてもらえますか？）…「〜できますか」と尋ねる形式です。友達や店員などに依頼するときに使う，気軽でフレンドリーな言い方です。

☐ **Could you open the window?**（窓を開けていただけますか？）…can の過去形 could を使った，より丁寧で控えめな言い方です。

　Will you 〜? と Would you 〜? は，それほど丁寧でないと感じる人もいるので，Can you 〜? または Could you 〜? を使う方が無難です。

**❸**
食事会を一足先に帰る。壁際に
座っている人に取ってもらおう。

ぼくの上着取ってもらえる？

**❹**
ちょっと頼みがあるんだよね。

ちょっとお願いが
あるんだけど，いい？

answers on next page

依頼

**❺**
ルームメイトのテレビの音が
大きすぎて眠れない…。

悪いんだけど，テレビのボリューム
下げてもらってもいい？

**❻**
取引先と打ち合わせ中に，
友達から携帯に電話が。

悪いんだけど，かけ直しても
いいかな？

## ❸ Could you get my jacket, please?

友達などの親しい間柄でも，丁寧に依頼したいときは Could you ～? を使いましょう。この get は「取って来る」という意味です。「ティッシュ取ってもらえる？」なら Could you get me the tissue?

## ❹ Could you do me a favor?

favor は「好意でする行い」という意味。Could you do me a favor? は，お願いごとをするときの決まった前置き表現です。

## ❺ Would you mind turning down the TV?

mind は「いやがる，気にする」という意味。Would you mind ～ing? は「～するのをいやがりますか」という意味で，相手の意向を控えめに尋ねる表現です。友達同士でも，相手がいやがる可能性があるときはこのようにお願いするとスマートです。

## ❻ Would you mind if I called you back?

相手に迷惑がかかってしまう可能性がある場合は，Can I ～? のかわりに Would you mind if I ～?（～をしたら困りますか？）を使って，相手を気づかう表現にするのがポイントです。

❼ 仕事とは関係ないんだけど、
ちょっと英語で聞きたいことが…。

**ちょっとお願いできないかと思って
いたことがあるんですが…。**

依頼

## ❼ I was wondering if you could help me.

wonderは「〜かと思う」という意味。I was wondering if you could 〜.(あなたが〜してくれないかと思っていたのですが)は，言い出しにくいお願いを切り出すときの定番フレーズ。これを言われたら，相手が少し困っているというサインです。

# 提案
## Suggestions

Track 12

何かをしようと提案したり，誘ったりする
ときの表現や，誘いを断るときの言い方で
す。

answers on next page

提案

**❶**

ストリートパフォーマーの
見事な技に思わず…

わー！ 見て！

**❷**

昼休み。同僚をランチに
誘ってみよう。

私たちといっしょに
ごはん，行きません？

## ❶ Wow! Look!

日本人は英語で命令文を使うことをためらうことが
ありますが，必ずしも「見ろ」のような命令になる
わけではなく，口調によって，軽い提案をするとき
にも使うことができます。「ちょっと見て」という意
味合いの Take a look. もよく使います。

## ❷ Do you want to go have lunch with us?

「〜しませんか？」と誘うときの基本表現は，Let's
〜. や Shall we 〜? よりも Do you want to 〜? で
す。気軽でフレンドリーな感じで，相手の意向をた
ずねる誘い方になります。

---

### 誘うときの言い方　　　　　　　　　Basic Expressions

☐ **Let's go.**（行こう）…「〜しよう」という感じの，直接的な言い方です。
　一方的な誘いなので，強引に聞こえてしまうこともあります。

☐ **Why don't you go?**（行ったらどうですか？）/ **Why don't we go?**（いっ
　しょに行きませんか？）…「〜したら？」という感じの，気軽な提案です。

☐ **Do you want to go?**（行きませんか？）…「〜しませんか」という感じで
　す。友達同士などで使う，気軽でフレンドリーな言い方です。

☐ **Would you like to go?**（いっしょに行きませんか？）…「〜するのはいか
　がでしょうか」という感じで，相手の希望を丁寧に聞く表現です。
上のような誘いに対しては，Sounds nice.（いいですね）や I'd love to.（ぜ
ひそうしたいです）のように応じます。

**❸** 今夜は仲間と夕食。思い切って
先生も誘ってみよう。

> 今夜，私たちごはん食べに行くん
> ですけど，先生もどうですか？

**❹** 薄着で出かけようとする
友達に助言。

> コートを着て行った方が
> いいと思うよ。

answers on next page

**❺** 友達が具合悪そう。

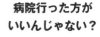

> 病院行った方が
> いいんじゃない？

**❻** 日本語がなかなか上達しなくて
悩んでいる留学生の友達に。

> 先生に相談した方が
> いいかもしれないよ。

提案

## ❸ Would you like to join us for dinner tonight?

Do you want to 〜? の丁寧な言い方である Would you like to 〜? を使いましょう。join us for 〜は「私たち(の仲間)に加わって〜に行く，私たちといっしょに〜に行く」という意味です。

## ❹ I think you should wear a coat.

should は「〜した方がいいよ」と提案・助言するときに使う助動詞です。会話でとてもよく使いますが，使いこなせない人が意外に多いようです。「〜しない方がいいよ」は shouldn't を使います。

## ❺ Why don't you go see a doctor?

親しい間柄で「〜したら？」「〜したほうがいいんじゃない？」と提案するときに使うのが Why don't you 〜? です。「横になったら？」なら Why don't you lie down? と言います。

## ❻ You might want to talk to the teacher about it.

You might want to 〜. は，直訳は「あなたは〜したいと思うかもしれないよ」ですが，転じて「〜するといいかもよ」という意味です。助言が一方的・断定的に響いてしまわないように，ネイティブが好んで使う控えめな言い回しです。

**⑦**

友達に「いっしょにスノボ
行かない？」と誘われたけど…。

**ありがとう。
でもぼくはやめとくよ。**

**⑧**

友達から電話。遊びに行かない？と
言われたけど…。

**今日はあんまり外に
出たくないなあ。**

answers on next page

**⑨**

友達から「今週末，ホームパーティー
やるけど来ない？」と言われたけど…。

**すごく行きたいんだけど，ちょっと
予定が入っちゃってるんだよ。**

**⑩**

マイクを渡されたけど…

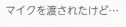

**歌は苦手なの。**

提案

## ❼ Thanks, but I think I'll pass.

相手：We're going to go snowboarding.  Do you want to come?
「やめておくよ」「今回はパスするよ」にあたる表現が I think I'll pass. です。

## ❽ I don't feel like going out today.

相手：Do you want to hang out?
I don't feel like ~ing. で「～する気分じゃないなあ」「面倒くさいなあ」という意味。逆に「～したい気分！」と言うときは I feel like eating out.（外で食べたいなあ）と肯定文で使います。

## ❾ I wish I could, but I have some plans.

相手：I'm having a house party this weekend. Why don't you come?
「行けたらよかったなと思うけど，でも～」という意味です。どうしても行けない事情があって，相手の誘いを断らざるをえないときに使います。

## ❿ I'm a bad singer.

相手：Come on!  Sing!
相手の提案や誘いを断るときのバリエーションとして，「私は～が上手じゃないから」と言うパターンです。ゴルフに誘われたら，I'm a bad golf player.（ゴルフは苦手なんです）と答えることができます。

# スモールトーク

Small Talk

**CD Track 13**

天気の話題など，短い雑談で役立つ一言を
集めました。

answers on next page

**❶** 窓の外はものすごい青空。

**❷** 間が持たないから
ちょっとしたトークを。

スモールトーク

**すごくいい天気ですねー。**

**しかし今日は蒸しますねー。**

# ❶ It's a great day.

What a beautiful day!（なんていいお天気なんでしょう）のように言ってもいいでしょう。「今日は過ごしやすいですね」なら Nice day we're having. のように言います。逆に「すごい雨ですね」なら It's raining really hard. となります。

# ❷ It's really humid today.

humid は「湿度が高い」という意味です。「今年は猛暑ですね」なら It's really hot this year. と言います。

---

## 天気の言い方             Basic Expressions

　日本語も英語も同じですが，天気は，相手を問わないもっとも無難な話題です。天気や寒暖の言い方の基本を知っておきましょう。

☐ **hot**（暑い）　☐ **warm**（暖かい）　☐ **humid**（湿度が高い）

☐ **muggy**（蒸し暑い）　☐ **cold**（寒い）　☐ **cool**（涼しい）　☐ **chilly**（肌寒い）

☐ **freezing**（凍えるほど寒い）

☐ **It's cold today.**（今日は寒いですね。）

☐ **It's getting chilly.**（肌寒くなってきましたね。）

☐ **Will it rain today?**（今日は雨降るんですか？）

☐ **Do you think it will rain?**（雨，降ると思います？）

**3**

怪しい空模様。

**なんか，いやな天気ですねー。**

**4**

帰りがけに会った顔見知りと，
オフィスの玄関で軽いトーク。

**雨，やまないですかね。**

answers on next page

**5**

そんなに親しくない人と，エレベーターを待っている間が持たない。

**エレベーター，なかなか
来ないですね。**

**6**

話が続かないな。
共通の知人の近況を尋ねよう。

**そういえば，鈴木さんとは
最近会ってますか？**

スモールトーク

# ❸ The weather doesn't look good.

これに「降らないといいですねー」と続けるなら Hopefully it won't rain. と言い、「予報では夕方から降るらしいですよ」と伝えるなら The forecast said it's going to start raining in the evening. となります。

# ❹ I wish the rain would stop.

I wish 〜. は、「〜だといいのになあ」と、ないものねだりをするときのフレーズ。I wish のあとに過去形の文を続けます。「車を持ってたらなあ」なら I wish I had a car. となります。

# ❺ It's taking the elevator a long time.

It took me a long time to 〜. (私が〜するのに長い時間がかかった) と同じ文型で、文末に to come (来るのに) が省略されています。電車なら It's taking the train a long time (to come). となります。

# ❻ Have you met Mr. Suzuki lately?

Have you heard about 〜? (〜のこと聞きました？) を使って、ちょっとしたうわさ話をするのもいいかもしれませんね。

**❼**

やっぱり話が続かないな。
休暇の話題でもふってみるか。

**夏休みは，どこかに
行かれたんですか？**

**❽**

先生に「週末は何してたの？」
と聞かれた。

**別に何も。家で一日中
ゴロゴロしてました（笑）。**

answers on next page

**❾**

先生に「昨日は何したの？」
と聞かれた。

**会社の同僚と飲みに行きました。**

スモールトーク

# ❼ Did you go anywhere for summer vacation?

「連休はどう過ごしたんですか」なら How did you spend your holiday? となります。こう尋ねられたら，I went on a family trip.（家族旅行に行きました），I took it slow at home.（家でゆっくりしていました）のように答えましょう。

# ❽ Nothing special. I vegged out all day.

相手：What did you do this weekend?
veg out は「（テレビなどを見ながら）家でゴロゴロする」という意味のくだけた表現です。「ずっとテレビを見ていました」なら I watched TV the whole time. となります。

# ❾ I went for a drink with my colleagues.

相手：What did you do yesterday?
「飲みに行く」は go for a drink と言います。「カラオケに行きました」なら I went to karaoke.，「友達とお茶しました」なら I went to a cafe with my friends. となります。

# 学校・レッスン

## At a School

🎧 Track 14

学校で授業を受けるときや，英会話スクールのレッスンを受けるときなどの，ネイティブの先生とのやりとりです。

answers on next page

**❶** 怖い先生なのに，遅刻してしまった。
教室に入りながら…。

**❷** 先生に質問。

**遅刻して申し訳ありません。**

**質問してもよろしいですか？**

学校・レッスン

97

# ❶ I'm sorry I'm late.

遅刻の理由を伝えるなら，The train stopped (due to an accident).（(事故で)電車が止まっていたので），The roads were jammed.（道が混んでいたので）などと続けましょう。

# ❷ Could I ask you a question?

英語圏の人たちの多くは，「質問をすること」をとても大切にします。積極的にコミュニケーションする姿勢が大事だと考えるからです。レッスンでも，質問をすると先生は喜んでくれるでしょう。

---

## 「わかりません」「わかりますか」 **Basic Expressions**

先生に「わかりません」と伝える場合は次の表現がおすすめです。

☐ **Sorry, I didn't get what you just said.**

（今おっしゃったことの意味がわかりませんでした）

☐ **Sorry, I couldn't catch what you just said.**

（今おっしゃったことが聞き取れませんでした）

先生に対して「私の言っている意味がわかりますか」と確認する場合は，Do you understand me? は横柄に聞こえます。次のように尋ねましょう。

☐ **Does my English make sense?**（私の英語は意味をなしていますか？）

☐ **Am I making sense to you?**（意味，通じていますか？）

先生が生徒の理解度を確認するときは，Are you with me? / Do you follow me?（ついてきていますか？）のように聞かれることがあります。

**❸**
ホワイトボードに単語を書いて,
と言われた。

> スペルは自信ないですけど…。

**❹**
宿題のプリントが配られた。

> これ,いつまでですか?

answers on next page

**❺**
授業が始まる前に,
先生に伝えておこう。

> 今日は2時で早退しても
> いいですか?

**❻**
来週は来られないから,
あらかじめ先生に言っておこう。

> 来週は欠席させて
> いただきたいのですが…。

学校・レッスン

## ❸ I'm not sure if the spelling is correct.

相手：Could you write the word on the whiteboard?

スペリングに限らず，「合っているかどうかわかりません」は I'm not sure if it's correct. と言えばOK。この if は「～かどうか」という意味です。

## ❹ When is this due?

be due で「(到着・提出など) するはずである，予定である」という意味です。

## ❺ Is it okay if I leave at 2 p.m. today?

Is it okay if I ～? は「～しても大丈夫ですか？」という意味で，くだけた言い方ですが，Can I ～? よりも遠慮がちな言い方です。「ちょっと聞きにくいこと」を尋ねるときにおすすめ。

## ❻ I won't be able to come to class next week.

英語では「来週は授業に来ることができません」と言うのが自然です。I have work.（仕事・バイトなので），I have a business trip.（出張なので）のように欠席の理由を伝えましょう。

## Additional Exercises これも言ってみよう

❶ 来週の個人レッスンの時間を
変更してもらおう。

**来週のレッスンの時間を
変更してもらえませんか?**

❷ 急な予定が入ってしまった。
先生に電話して欠席の連絡をしよう。

**申し訳ないんですが,今日は
お休みさせていただきます。**

❸ 先生の,自分に対する評価が
気になる…。

**私,ちゃんとできてますか?**

❹ さっき教えてもらったけど,
よくわからなかった。

**ここの部分,もう一度説明して
いただけませんか?**

学校・レッスン

## Additional Exercises これも言ってみよう

### ❶ Can we change the time for next week's lesson?

個人レッスンは，先生と自分の２人の時間なので，you ではなく we（＝先生と自分）を主語にして Can we ～? と尋ねるほうが自然です。「来週のレッスンの時間」は time for next week's lesson となります。

### ❷ I'm sorry.  I can't make it to class today.

make it は「(目的地に)たどり着く，(授業や会議に)出席する，(時間に)間に合う」という意味でよく使われる言い方です。

### ❸ How am I doing in class?

How are you ～? は言い慣れていても，How am I ～? の形で自分の状態を尋ねるのは，変な感じがするかもしれませんね。自分の成長を確認したいときに，このように尋ねてみましょう。

### ❹ Could you explain this part again?

定番の Could you ～? でお願いしましょう。「説明する」は explain,「部分」は part で表します。

# 空港で迎える

## Picking Someone up at the Airport

 Track 15

海外から来日した人を空港で出迎えて，移動するときのやりとりです。

answers on next page

**❶** 空港でお出迎え。「長旅お疲れさま」と言いたいときは，こう言おう。

> **飛行機は快適でしたか？**

**❷** 一通りあいさつも済ませて，いざ出発。

> **では，行きましょうか。**

# ❶ Did you have a nice flight?

日本語なら「長旅お疲れさまでした」と言うところですが，英語ではこのように「すてきなフライトでしたか？」と尋ねることによって相手への気づかいを示すのが自然です。

# ❷ Are you ready to go?

Let's go. と言いがちですが，「早く行こう」と一方的にせかしているようにも聞こえます。「行く準備はできましたか？」と疑問文の形で出発を促すのがスマートです。

---

## 「～しましょう」の言い方　　　Communication Tips

　「行きましょう」のように「～しましょう」と提案したり，促したりする場合は，Let's ～. を使うと一方的で子供っぽい言い方に聞こえます。次のように，疑問文で相手の意向を尋ねるスタイルを使うようにしましょう。

☐ **Are you ready to go?**（行く準備はできましたか？）

☐ **Why don't we go?**（〈いっしょに〉行きませんか？）

☐ **Do you want to go?**（行きますか？）

☐ **Would you like to go?**（Do you want to ～? の丁寧な言い方）

空港で迎える

**3**

荷物を運ぶのを
手伝ってあげよう。

お荷物，お持ちしますよ。

**4**

確か前にも日本に来たことが
あると言っていたけど…。

前回来られたのは
いつですか？

answers on next page

**5**

前回は旅行で 1 週間ほど
滞在したらしい。

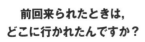

前回来られたときは，
どこに行かれたんですか？

**6**

今まで日本のいろんなところに
行った，という相手に。

今まで行った中で，いちばん
よかった場所はどこですか？

# ❸ Let me help you with your luggage.

「～しますよ」と自ら助けを申し出るときは，Let me ～.（～させてください）がカジュアルかつ丁寧で，好印象です。help A with B で，「A が B をするのを手伝う」という意味です。

# ❹ When was the last time you came?

the last time you came で「あなたが来た，最後のとき」という意味です。「日本は初めてですか？」なら Is this your first time to Japan? と尋ねましょう。

# ❺ Where did you go the last time you came?

Did you go anywhere else in Japan[Asia]？（日本［アジア］では，ほかにどこか行かれましたか？）のように話を発展させてもいいですね。

# ❻ Of all the places you visited, what did you like best?

「今まで食べた中で，いちばんおいしかった日本食は何ですか」なら Of all the Japanese food you had, what did you like best? となります。

❼ 帰国の日はいつなのか
聞いておこう。

**日本にはいつまで
いらっしゃるんですか？**

❽ ここからの移動経路を
説明しよう。

**とりあえず，電車で
新宿まで出ますね。**

answers on next page

❾ ここで待っていてもらって，
かわりに切符を買ってあげよう。

**ちょっとここで待っててもらえます？
私，切符買ってきますね。**

❿ 人身事故とのことで
電車が止まってしまった。

**事故だそうです。
ちょっと停車するそうです。**

107

# ❼ How long are you staying in Japan?

When are you leaving Japan?（いつ日本を出発するのですか）などと言うと，出発を促しているようにも聞こえるので避けましょう。

# ❽ We'll take the train to Shinjuku.

take the ～ to …で「～に乗って…に行く」という意味です。「これから」電車に乗るので will を使います。

# ❾ Could you wait here for a second? I'll go get the tickets.

for a second は「少しの間」という意味のカジュアルな表現です。go get ～は go to get ～ / go and get ～を省略した形で，「～を買いに行く」と言うときによく使います。

# ❿ There's been an accident. The train will stop for a few minutes.

There's been ～. という現在完了形は，「事故が起きて，それが今も続いている」というニュアンスです。

空港で迎える

**⑪**

間もなく目的地の駅だ。
降りる準備をしてもらおう。

次で降りますよ。

**⑫**

タクシーで行くには
ちょっと近いんだよなー。

歩きでもいいですか？
10 分くらいなんですけど…。

answers on next page

# ⑪ It's the next stop.

「次の停車駅です」とシンプルに伝えれば OK です。「あと 5 分です」なら It's five more minutes.,「次の駅で乗り換えます」なら We have to change trains at the next stop. となります。

# ⑫ Would you mind walking?  It's about 10 minutes.

Would you mind ～ing? は,「～するのは構いませんか？」のように,いやがる可能性のあることを確認するときのフレーズです。No. と言われたら「構いませんよ(＝いいですよ)」の意味なので注意してください。

# 観光の計画

Making Sightseeing Plans

 Track 16

来日した人といっしょに，日本観光の計画
を立てるときのやりとりです。

answers on next page

**❶** 来日した取引先の人。明日 1 日，
日本案内をすることになった。

**❷** 明日の観光の希望を
聞いておこう。

**明日の朝は，ホテルまで
お迎えに行きますよ。**

**どこか行きたいところは
ありますか。**

# ❶ I'll pick you up at the hotel tomorrow morning.

「私が〜しますよ，〜してあげますよ」と申し出るときは，シンプルに I'll 〜. と伝えるのが基本です。「迎えに行く」は pick up と言います。

# ❷ Is there anywhere you'd like to go?

相手の希望を丁寧に尋ねるフレーズです。Would you like to go anywhere in particular?（特別に行きたいところはありますか）や What would you like to see?（何が見たいですか）なども使えます。

---

## 丁寧さを表す would                       Communication Tips

　相手が目上の人や，まだあまり親しくない人の場合には，助動詞の would を活用すると，丁寧に希望を尋ねることができます。

☐ **Would you like to see Mt. Fuji?**（富士山を見たいですか？）

　…友達同士なら，Do you want to see Mt. Fuji?

☐ **Is there anything you'd like to eat?**（何か食べたいものはありますか？）

　…友達同士なら，Is there anything you want to eat?

☐ **Would you be interested in watching kabuki?**

（歌舞伎鑑賞には興味がありますか？）

　…友達同士なら，Are you interested in watching kabuki?

---

❸ この人はお寺っていう
タイプじゃないかなあ…。

**お寺や神社なんかは
興味ありますか？**

❹ レンタカーを借りて
都内を運転したいという相手。

**正直申し上げて，
それはおすすめしません。**

観光の計画

answers on next page

❺ せっかくだから，日本っぽいものに
誘ってみよう。

**相撲<sub>すもう</sub>でも見に行きます？**

❻ ガイドブックに載っていたから
行きたいと言われたけど…。

**アメ横は，この時期
かなり混んでますよ。**

# ❸ Would you be interested in going to temples or shrines?

Are you interested in ～? でも問題なく通じますが，仮定を表す would を使うことで，「もしお寺や神社に行くことになったら，興味はありますか？」という遠回しで丁寧な提案になります。

# ❹ Honestly, I wouldn't recommend it.

I don't recommend it. のように真っ向から否定する言い方は好まれません。Honestly（正直言って）と前置きを入れ，さらに仮定の would で「（もし）私だったら」というニュアンスを出すことで，率直な意見をソフトに伝えています。

# ❺ Would you like to go see sumo?

go see は go to see または go and see を省略した言い方です。sumo の部分を the fish market（魚市場），famous temples（有名なお寺），cherry trees（桜）などに変えれば，いろいろなものの見物に誘うことができます。

# ❻ Ameyoko is pretty crowded this time of year.

人混みを嫌がる可能性もあるので，混雑するスポットはこのように伝えましょう。「混んでいる」は be crowded で表します。

❼

「富士山に行きたい」と言われた。

富士山は，ここからはちょっと
遠すぎますね。

❽

東京から鎌倉に行きたいと
言われた。

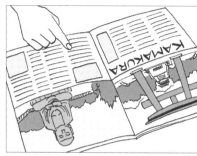

ちょっと遠いですけど，
大丈夫ですか？

answers on next page

❾

確か，コンピューターやアニメが
好きだと言っていたはず。

秋葉原はきっと気に入ると
思いますよ。

❿

「ぜひ鎌倉と秋葉原に
行きたい！」とのこと。

では，そうしましょう。

観光の計画

## ❼ Mt. Fuji is a little too far from here.

相手：I'd love to go to Mt. Fuji.
場所が遠くておすすめできないときは，このように伝えてみましょう。a little too far で「少し離れすぎている」という意味です。

## ❽ It's a little far.  Is that okay?

「それでもいいですか？」と確認するときは，Is that okay? が便利です。どのくらい遠いのかと聞かれたら，It takes about an hour.（1時間くらいかかります）のように答えます。

## ❾ I think you'll like Akihabara.

I think you'll like 〜.（あなたはきっと〜を気に入りますよ）は，何かをおすすめするときに便利なフレーズです。このように相手の趣味に合った具体的な提案をしてあげられると，相手もきっとうれしいはず。

## ❿ Sure, let's do that.

相手：I'd love to visit Kamakura and Akihabara.
相手の提案を受けて，「そうしましょう」と決定するときのフレーズです。that は相手の発言内容（この場合「鎌倉と秋葉原に行くこと」）をさしています。

ネットを見ながら，
夕食を食べる場所を探し中。

**もしお寿司が好きなら，
このお店がおすすめですよ。**

answers on next page

観光の計画

# ⓫ If you like sushi, I recommend this place.

if を使って「もしお寿司が好きならば」と相手の好みに配慮を示すことで，押し付けがましくない，温かい言い方になります。

# 日本を案内する

## Showing Someone around Town

🔘 **Track 17**

海外からの訪問客を，観光地などに案内するときに使うフレーズです。

answers on next page →

**❶** 待ち合わせの時間に遅れそうだ。
携帯で連絡を入れておこう。

> **申し訳ないんですが，
> 10 分ほど遅れそうなんです。**

**❷** 朝，ホテルにお迎え。
朝のあいさつのあとに一言。

> **昨日はよく眠れましたか？**

## ❶ I'm sorry, I'm running 10 minutes late.

run late は「遅れる」という意味で，遅刻を知らせるときによく使われます。I'm going to be 10 minutes late. としても OK です。建物の中で待っていてほしい場合は，Please wait for me inside. と続けましょう。

## ❷ Did you sleep well last night?

海外から来た訪問客に聞く定番の質問です。Did you get a good night's sleep? という言い方もあります。

---

### 指示する表現　　　　　　　　　　Basic Expressions

　案内している相手に対する簡単な指示は，次のように命令文で伝えて問題ありません。

□ **Take a look.**（ちょっと見てください）

□ **Please stay with me.**（私と離れないようにしてください）

□ **Please wait here for a second.**
　（ここでちょっと待っていてください）

□ **Please take your time.**
　（急がなくていいですよ／〈買い物などで〉ゆっくり選んでください）

**❸**

最初の目的地へは車で移動。

**ここから 30 分くらいで
着きますよ。**

**❹**

運転中も，観光スポットを
ガイドしなくちゃ。

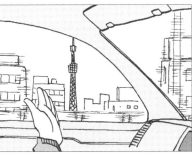

**左手を見てください。
あれがスカイツリーです。**

日本を案内する

answers on next page

**❺**

高速に乗ってしばらくたつけど，
そろそろトイレ大丈夫かな？

**サービスエリアで
止めましょうか？**

**❻**

昨日 10 時間のフライトで
来日したから，眠いのかな。

**時差ぼけですか？**

### ❸ It's about 30 minutes from here.

移動の所要時間を知らせるフレーズです。It will take about 30 minutes. や We will get there in about 30 minutes. などと言っても OK です。

### ❹ Take a look at your left. That's the Sky Tree.

Look at ～. でも問題ありませんが,「ちょっと見て」といった軽めのニュアンスの Take a look at ～. を使うとソフトな印象になります。「正面に見えるのがスカイツリーです」なら Right in front of us is the Sky Tree. となります。

### ❺ Would you like to make a stop at the service area?

make a stop at ～で「～で止まる, ～に寄る」という意味です。

### ❻ Do you have jet lag?

「時差ぼけ」は jet lag と言います。眠そうなら, Feel free to take a nap.（どうぞお休みになってください／昼寝して構いませんよ）と伝えましょう。

**❼**

やっと目的地に着いた。

着きました。

**❽**

お約束の観光スポットだけど…。

実は私も初めて来たんです（笑）。

日本を案内する

answers on next page

**❾**

ここは記念写真に最適のスポット。

写真，撮りましょうか。

**❿**

観光客向けのお土産が
ずらっと並んでいる。

お土産，買わなくていいですか？

## ❼ We're here.

We arrived. などとはふつう言わないので注意してください。We're here. は直訳すると「私たちはここにいます」ですが、「さあ着きました」と到着を知らせるときの定番フレーズでもあります。電車やバスの場合にも使えます。

## ❽ Actually, this is my first time here, too.

I have come here for the first time, too. のように直訳しても OK ですが、主語を This（今回の訪問）にすると、より英語らしい自然な文になります。

## ❾ Would you like me to take your picture?

「私が〜しましょうか？」と丁寧に申し出るときの基本フレーズは、「私に〜してほしいですか？」という意味の Would you like me to 〜? です。学校で習う Shall I 〜? よりも自然で、よく使われる言い方です。

## ❿ Would you like to get a souvenir?

英語の souvenir は、おもに「自分のための、旅行の記念品」をさす言葉です。職場や学校の人に配る日本の「お土産」の習慣とは少し意味合いが異なります。

**⓫**

ほかにも行く予定があるのに，
このお店にはまっちゃってる…。

**そろそろ次行きますか。**

**⓬**

のどが渇いただろうから…。

**ちょっと飲み物買ってきますね。
何がいいですか？**

answers on next page

日本を案内する

**⓭**

自分の荷物を見ていてもらおう。

**私の荷物，見ていて
もらえますか？**

**⓮**

買い物続きで疲れたかな？
あの喫茶店で休もう。

**ちょっとそのへんで
休憩しましょうか。**

# ⓫ Shall we move on?

丁寧に移動を促す表現です。Shall I 〜? は会話であまり使われませんが，Shall we 〜?（さあ，〜しましょうか）は丁寧な表現として使えます。Would you like to move on? でも OK。くだけた間柄なら Do you want to move on? が自然です。

# ⓬ I'll go get some drinks.  What would you like?

「〜を買いに行く」という意味の go get 〜を使いましょう。I'm fine, thank you. などと言われたら，「私は結構です（要りません）」という意味です。

# ⓭ Could you keep an eye on my bag, please?

こういうとっさのお願い事もできるように，Could you 〜 (please)? は必ずマスターしておきましょう。keep an eye on 〜で「〜から目を離さないでいる，見張っている」という意味です。

# ⓮ Why don't we take a little break there?

Would you like to 〜? を使ってももちろん大丈夫ですが，このように思いつきで「いっしょに〜しませんか」と提案したいときには Why don't we 〜? が便利です。

⑮

結構おなかがすいてきたぞ。

おなか，すきませんか？

⑯

どんな料理が食べたいのかなあ。

何か食べたい物は
ありますか？

answers on next page

日本を案内する

⑰

そういえば，外国からの観光客に
意外に人気と聞いたことが…。

¥100 SHOP

100円ショップ，
行ってみます？

⑱

高級な焼肉なら喜ぶかな？

焼肉，食べたことは
ありますか？

## ⓯ Are you hungry?

シンプルに，肯定形の疑問文で尋ねましょう。Aren't you hungry? とすると「あなたは空腹じゃないんですか？」という意味合いになります。ほかに，Are you getting hungry? や Would you like to have lunch? なども自然な聞き方です。

## ⓰ Is there anything you'd like to eat?

相手の希望を丁寧に尋ねる表現です。相手が友達なら，Is there anything you want to eat? や What do you want to eat? くらいのカジュアルさで問題ありません。

## ⓱ Would you like to take a look at a 100 yen shop?

「100円ショップをちょっとのぞいてみたいですか？」という言い方にしましょう。これも，友達であれば Do you want to ～? で OK です。

## ⓲ Have you eaten yakiniku before?

「～したことがありますか？」のようにこれまでの経験について尋ねるときは，現在完了形を使って Have you ～ before? とします。「横浜に行ったことがありますか？」なら，Have you been to Yokohama before? と聞きましょう。

**⑲**
「ラーメンが食べてみたい」とのこと。

いいところを
知っていますよ。

**⑳**
ラーメン屋さんはなんと
長蛇の列！

どうします？
待ちますか？

answers on next page

**㉑**
行きつけの居酒屋さんに
連れていこう。

高級なところじゃないですけど，
おいしいんですよ。

**㉒**
店員さんを呼ぶ前に確認。

注文は決まりましたか？

日本を案内する

## ⑲ I know a good place.

相手：I'd like to try ramen.
おすすめの店を教えるときに使うフレーズです。
place（場所）は，「店」「自宅」「地域」など，幅広い意味を表すことができる便利な言葉です。

## ⑳ What do you think?  Would you like to wait?

自分の判断で Let's go to a different place.（別の店に行きましょう）と決めてしまうよりも，What do you think? と相手の気持ちを尋ねるといいでしょう。If you don't mind. と言われたら，「あなたが構わないなら（待ちます）」の意味です。

## ㉑ It's not fancy, but it's good.

fancy は「しゃれた，高級な」という意味の形容詞。not fancy と言うと「庶民的な」というイメージです。焼鳥屋や居酒屋は日本ならではの飲食ができる空間なので，おすすめのお店があったら提案してみるといいかもしれません。

## ㉒ Are you ready to order?

「注文する準備はできましたか」という意味で，「ご注文はお決まりですか」と聞くときの定番フレーズです。レストランのウェイターが注文を取るときにもこのように言います。

**㉓**

絶対おすすめの一品が来た！

これ，ぜひ召し上がって
みてください。

 **㉔**

「初めて食べた」とのこと。
□に合ったかなあ。

どうでした？

answers on next page

 **㉕**

食事中，ちょっと席を立とう。

すみません，ちょっとお手洗い
行ってきます。

日本を案内する

131

## ㉓ You should definitely try this.

You should definitely 〜. は「ぜひ，〜することを
おすすめしますよ」とカジュアルかつ強めにすすめ
るときの表現です。

## ㉔ How did you like it?

相手：This is the first time I had this.
How did you like it? / How do you like it? は，
気に入ったかどうか，感想を聞くときに幅広く使え
る便利なフレーズです。より気軽に，ストレートに
聞くなら How is it? でも大丈夫です。

## ㉕ Please excuse me for a moment.

トイレなどで中座するときの丁寧な言い方です。「お
手洗いに行きます」と説明する必要はありません。
一言 Excuse me. だけでも問題ありません。

**26**

もうおなかもいっぱい。
そろそろ帰るか。

じゃ，行きますか。

**27**

会計してお店を出たら，
「いくら払えばいい？」と聞かれた。

いいですいいです，
気にしないでください。

answers on next page

日本を案内する

**28**

お土産を渡そう。

これ，お土産にどうぞ。

## ㉖ Would you like to go?

Do you want to go? とするとよりカジュアルな言い方になります。Let's go. は直接的で，「早く行こう」と急かしているようにも聞こえるので避けましょう。

## ㉗ It's okay.  Please, don't worry about it.

相手：How much do I owe you?
親しい間柄で「おごるよ」と言うなら It's on me.，「割り勘にしよう」なら Let's split it. と言います。

## ㉘ Here.  This is for you.

お土産やプレゼントを渡すときの決まり文句なのでこのまま覚えましょう。It's Japanese sweets.（和菓子です）のように中身を説明したり，I hope you like it.（気に入ってくれるといいな）と続けたりします。

# 家を訪ねる

## Visiting a Friend's House

**CD** Track 18

英語を話す友人の家にお邪魔したときの基本的なやりとりです。

answers on next page

❶ 部屋に上がる前に，
まずはお礼を。

**今日は呼んでくれて
ありがとう。**

❷ マンションにお邪魔するのは初めて。
部屋をほめよう。

**落ち着く部屋だね。**

# ❶ Thank you for inviting me today.

英会話はとにかく Thanks. や Thank you. を使う機会が多いものです。家にお邪魔したときも，まずはお礼から言えるとすてきですね。Thank you for ～ing. で「～してくれてありがとう」の意味です。

# ❷ It's a cozy room.

「相手をほめる」ことも英会話の大切なポイントです。cozy は「(部屋などが)居心地がいい，温かみがある」という意味の形容詞。一戸建ての家であれば，家の外観をほめて You have a beautiful house. のように言うこともできます。

---

## 「いただきます」「ごちそうさま」　**Communication Tips**

英語では，「いただきます」「ごちそうさま」にあたるあいさつはありません。基本的に，食事の前後に全員であいさつを交わす習慣はないと考えてください。

友人の家でごちそうになったあとは，Thank you for the dinner. Everything was delicious. (夕食をありがとう。全部，とてもおいしかった) のように感謝の気持ちを伝えましょう。

**❸**

お土産を渡そう。

はい，ケーキを持ってきたよ。

**❹**

何か飲む？と聞かれた。

コーヒーをいただきます。

answers on next page

家を訪ねる

**❺**

友達が台所で
忙しそうにしている。

何か手伝おうか？

**❻**

友達の手料理がすごい！

すごい，これ作ったの？

### ❸ Here, I brought some cake.

brought は bring（持ってくる）の過去形。I brought ~. は単に「持ってきたよ」という意味合いですので，相手への贈り物を渡すときの This is for you. とは微妙にニュアンスが違います。

### ❹ I'd love some coffee.

相手：Would you like something to drink?
Coffee, please. は注文するときの表現なので，友達に言ってはいけません。I'd love ~.（ぜひ~をいただきたい）か Can I have ~? の形で希望を伝えましょう。

### ❺ Can I help you with anything?

お手伝いを申し出るときの決まり文句です。Is there anything I can do?（何か私にできることはありますか）と言っても OK。Should I help you? や Do you want me to help? は，いやいや申し出ているようにも聞こえるので避けましょう。

### ❻ Wow, did you make this?

「すごい！」は Wow! で OK。大げさなくらいに発音すると，感心している気持ちがよく伝わります。

**❼**

ひと口食べて，感想を。

これ，すごくおいしいね。

**❽**

友達の手作り料理。
おいしいけど，何の味だろう？

これ，何入ってるの？

answers on next page

家を訪ねる

**❾**

お酒をすすめられたけど，
飲めない。

すみません，
私，お酒飲めないんです。

**❿**

ソースをこぼしてしまった！

ティッシュありますか？

## ❼ This is delicious.

delicious は 1 語で「すごくおいしい（very good）」の意味なので，very delicious とは言いません。さらに強調したい場合は really delicious としましょう。「料理，すごく上手だね」とほめるなら You're an amazing cook. と伝えましょう。

## ❽ What's inside?

作り方を知りたいなら Can I have the recipe?（レシピ教えてくれる？）と聞いてみましょう。

## ❾ No, thank you. I don't drink.

相手：Would you like some wine?
「お酒が飲めない」は I don't drink. で OK です。I can't drink. と言うと，妊娠や薬の服用などで一時的に飲めない，という風に解釈される可能性があります。

## ❿ Do you have some tissue?

「〜はありますか」と尋ねるときの定番フレーズ Do you have 〜? を使いましょう。

⓫
トイレに行きたい…。

> **お手洗いをお借りしても
> いいですか？**

⓬
もっとどんどん食べて，
と言われたけど…。

> **ありがとう。でも，もう
> すごくおなかが一杯です。**

answers on next page

家を訪ねる

⓭
楽しい時間。何時だろうと思って
部屋の時計を見たら…。

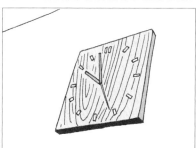

> **あ，もうこんな時間だ！**

⓮
ずいぶん遅くまで
お邪魔しちゃった。

> **じゃ，そろそろ失礼するね。**

## ⑪ May I use the bathroom?

アメリカの家は浴室とトイレが１つになっている場合が多いので、「トイレ」は遠回しに bathroom と言います。toilet は便器そのものを指すので、go to the toilet などとはふつう言いません。

## ⑫ Thanks, but I'm really full.

断るときは Thanks. / Thank you. を忘れずに。Thanks, but ～. はセットで覚えてしまいましょう。

## ⑬ Oh, look at the time.

「もうこんな時間だ！」は、英語では「時間を見て！」と表現します。It's getting late!（もう遅い時間になっちゃった）という言い方もあります。

## ⑭ I should get going now.

帰る支度をするときの決まり文句ですのでこのまま覚えましょう。get going は「そろそろ行く」という意味合いです。

**⓯**
「今日はもう遅いし，
うちに泊まっていきなよ」と言われた。

> え，本当にいいの？

**⓰**
楽しい時間のお礼を。

> ありがとう。
> すごく楽しかったよ。

answers on next page

家を訪ねる

**⓱**
招待しよう。

> 今度はうちに来てね。

## ⑮ Are you sure?

相手：Why don't you stay over?
stay over で「家に泊まって行く」という意味です。
「構わないの？」は You don't mind?、「じゃあ、そうさせてもらうね」は Then I think I will. と言います。

## ⑯ Thank you. I had so much fun.

I had a great[wonderful] time. とも言います。
Thanks for having us.（呼んでくれてありがとう）や It was a wonderful dinner.（すばらしい夕食だったよ）なども，帰るときの定番のあいさつです。

## ⑰ Next time, come to my house.

次につながる言葉をかけられれば，相手もきっと喜びます。「今度」は next time（次回）で OK です。

# 自宅に招待する

Having Friends Over

🎧 Track 19

友人を自宅に招待したときに使うフレーズ
です。

answers on next page

自宅に招待する

**❶**

友達が家にやってきた。

いらっしゃーい。
どうぞどうぞ。

**❷**

ワインを持ってきてくれた。

そんな，いいのにー。
ありがとう。

# ❶ Hi, come in.

招き入れるときの決まり文句で，Come on in. とも言います。なお，「お待ちしていました」と言う習慣はないので，I was waiting for you. などと言わないように。「遅いよ。待ってたんだぞ」のように聞こえてしまいます。

# ❷ Oh, you didn't have to.  Thank you!

相手：Here, I brought some wine.

「その必要はなかったのに」と表現します。これもThank you. を忘れないようにしましょう。

---

## プレゼントのやりとり　　　　　　　　　　Communication Tips

　プレゼントを渡すときには，次の表現がよく使われます。

☐ **This is for you.  I hope you like it.**

　（これをどうぞ。気に入ってくれるといいのですが）

☐ **Here's a little something for you.**

　（ささやかなものですが，どうぞ）

「ハワイのお土産です」であれば，Here's a little something for you from Hawaii. のように言います。プレゼントを受け取ったらまず Thank you. と伝え，Can I open it?（開けてもいい？）と尋ねてから開封するパターンが多いですね。

**❸**

あまり片付いていなくて
申し訳ない。

ちらかっててごめんね。

**❹**

そんなに立ってないで，自分の家に
いるつもりでくつろいでほしい。

どうぞ，座ってゆっくりしてね。

answers on next page

**❺**

まずは飲み物を。

何か飲む？

**❻**

料理ができたから，手渡そう。

はい，どうぞ。

自宅に招待する

## ❸ Sorry it's a mess.

片付いていないことを詫びるときに決まって使われるフレーズです。a mess で「めちゃくちゃな状態」という意味です。

## ❹ Make yourself at home.

ソファや椅子に座ってもらうための定番の一言。「自分の家にいるようにしてね」という意味です。

## ❺ Do you want something to drink?

語順に注意してください。Do you want to drink something? は文法的に間違いではありませんが不自然です。「何か飲む物」という意味の something to drink を使いましょう。

## ❻ Here you go.

Here you are. とも言います。I hope you like it.（気に入ってくれるといいな／お口に合うといいけど）と続けるとスマート。「熱いから気をつけて」と伝えたいときは Be careful, it's hot. と言います。

**❼**　料理がそろった。遠慮しないで
　　食べてもらおう。

**適当に取って食べてね。**

**❽**　「すごくおいしい！」と言われた。

**本当？　よかった。**

answers on next page

**❾**　この料理はあんまり
　　うまくできなかった…。

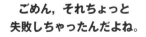

**ごめん，それちょっと
失敗しちゃったんだよね。**

**❿**　友達のグラスが空いている。

**もう1杯飲む？**

自宅に招待する

149

# ❼ Help yourself to the food.

「自由に取って食べてね」と言うときの決まり文句です。Help yourself to the wine. のように，飲み物についても使えます。

# ❽ Really?  Good.

**相手：It's delicious.**
Good. は，「よかったー」と安心するときにも使える便利な言葉。ほめられたら，素直に Thanks. と返すのもいいでしょう。ちなみに「おいしい？」と聞きたいなら，Is it good? で OK です。

# ❾ Sorry, it didn't turn out so well.

turn out well で「うまくいく」という意味です。くだけた会話なら，I messed up.（しくじった）と言ったりもします。

# ❿ Do you want another glass?

もっと丁寧に尋ねるなら Would you like another glass? となります。

⓫ 友達が寒そうに
腕をさすっている。

寒い？

⓬ 友達が一気に完食してくれた！

もっとあるよ。

answers on next page

⓭ 食器を片付けようと
してくれている。

大丈夫，そのままでいいよ。

⓮ 自宅のたこ焼き器を
不思議がっている。

たこ焼きって知ってる？

自宅に招待する

# ⑪ Are you cold?

Is it cold in here?（この部屋，寒い？）と聞いても
いいでしょう。「暖房をつけようか？」なら Do you
want me to turn on the heater?,「エアコンを消
そうか？」なら Do you want me to turn off the
air conditioner? と言います。

# ⑫ There's more.

「ある／ない」を表す There is 〜. を使えば簡単に
表現できます。「おかわり，いる？」と聞きたいなら
Do you want more? や Do you want another
helping?,「気に入ってくれてうれしい」と伝える
なら I'm glad you liked it. と言います。

# ⑬ It's okay, just leave them.

相手：Where should I put these?
leave は「帰る」や「出発する」のほか，このよう
に「〜をそのままにしておく」という意味もありま
す。I'll take care of it.（私が片付けるから）のよ
うに伝えましょう。

# ⑭ Do you know what takoyaki is?

相手：What's this?
物事について「〜という物を知っていますか？」と
尋ねるときには，Do you know 〜? ではなく，Do
you know what 〜 is? とします。

⓯ 友達が運んでくれた食器を
手渡してもらおう。

⑯ 帰り際，「すごく楽しかったよ」
とお礼を言われた。

**それちょうだい。**

**来てくれてありがとう。**

answers on next page

自宅に招待する

## ⓯ I'll take that.

「それを受け取ります」と表現しましょう。Give me that. と直訳してしまうと、「それ、私によこしなさい」というきつい命令に聞こえてしまう可能性もあります。

## ⓰ Thanks for coming.

相手：Thank you. I had a great time.

Thank you for 〜ing. で「〜してくれてありがとう」。見送るときの定番のあいさつです。

# 食事会・飲み会

## Dining Out with Friends

🎵 Track 20

複数の友人と，打ち解けた雰囲気で外食す
るときのやりとりです。

answers on next page →

**❶**

今日は友達を誘ってみよう。

**1 杯，飲みに行かない？**

**❷**

1 人で食べきれないかも
しれないけど，食べたい！

**これ，2 人で分けない？**

食事会・飲み会

# ❶ Do you want to go for a drink?

go for a drink で「一杯飲みに行く」という意味です。「夕食食べに行かない？」なら Do you want to have dinner? と言います。

# ❷ Do you want to share this?

「(食べ物などを)分ける」は share という動詞を使います。日本語でも「シェアする」という言い方が使われることがありますね。

---

## 料理の説明　　　　　　　　　　　　　Words & Phrases

日本料理を説明するときは，次の基本単語を使いこなせると便利です。

☐ 網で焼いた：**grilled** 〈例〉焼き魚：**grilled fish**，焼き鳥：**grilled chicken on skewers**（**skewers** は「串」）

☐ 炒めた：**stir-fried** 〈例〉野菜炒め：**stir-fried vegetables**

☐ 揚げた：**deep-fried** 〈例〉豚カツ：**breaded and deep-fried pork**（**breaded** は「パン粉をまぶした」）

☐ ゆでた：**boiled** 〈例〉枝豆：**boiled soybean pods**（**pod** は「さや」）

☐ 煮込んだ：**stewed** 〈例〉肉じゃが：**stewed beef and potatoes**

☐ 蒸した：**steamed** 〈例〉蒸し鶏：**steamed chicken**

**❸** 乾杯のあいさつを頼まれた。

> では，われわれの友情に，
> カンパーイ！

**❹** ビールをぐいっと飲んで，ひと言。

> あー，最高だね。

answers on next page

**❺** 友達の近くにある割り箸を
取ってほしい。

> そこからお箸取ってくれない？

**❻** 出てきた料理が
とてつもないボリューム。

> 見て，この大きさ！

食事会・飲み会

157

## ❸ Here's to our friendship!

Here's to ～! で「～を祝して乾杯！」という意味です。to のあとには，たとえば your future（きみの未来），our health（私たちの健康）などが入ります。グラスを合わせて言う「乾杯！」のかけ声は Cheers! です。

## ❹ Ah, it doesn't get better than this.

直訳すると「これ以上のものはないね」という意味のフレーズです。同じ場面で，This is so good. も使えます。

## ❺ Would you pass me a pair of chopsticks?

調味料などを取るために無言でぬっと手を出すのはマナー違反です。Would you ～? や Could you ～? などの依頼フレーズを使ってお願いしましょう。

## ❻ Wow, look at the size of that!

look（見る）と size（大きさ）の部分を強調して発音すると，強い驚きを表すことができます。

**❼**　友達の食べているものが
　　おいしそう。

**ひと口もらっていい？**

**❽**　うーむ。友達に耳打ち。

**評判ほどの味じゃないね。**

answers on next page

**❾**　もっと何か頼む？と聞かれて。

**いや，もう大丈夫。**

**❿**　飲んで話していたら
　　お酒がまわってきた。

**ちょっと酔っ払ってきちゃった。**

食事会・飲み会

## ❼ Can I have a bite?

「(食べ物の)ひと口」は a bite。飲み物の場合は、Can I have a sip? と言います。

## ❽ It's not as good as they say.

「みんなが言うほどおいしくはない」と表現しています。「～ほど…ではない」と言いたいときは、not as … as ～の構文が便利です。

## ❾ No, I'm good.  Thanks.

相手：Do you want some more?
I'm fine. でも OK ですが、特に若い人のくだけた会話では、「もう満足」という意味合いで I'm good. がよく使われます。「あと1品頼もうか？」なら Why don't we get one more dish? と言います。

## ❿ I'm getting a little tipsy.

get tipsy で「(少し)酔っ払う」という意味です。get drunk も使えますが、「ひどく酔っ払う」という意味合いになります。

⓫

「おごるよ」と言われて。

いやいや，割り勘にしようよ。

answers on next page

食事会・飲み会

## ⓫ No, let's split it.

相手：It's on me.
この応答に対して No, I insist. と言われたら，「いや，いいから，おごらせて」という意味です。「悪いけど，割り勘でいい？」と聞くときは Do you think we can split it? と言います。

超定番！
# 会話に役立つ基本文型のまとめ

　この本で何度も出てきた重要な文型をピックアップしました。どれも会話でよく使われる定番の基本文型です。いろいろな場面で使えるように，しっかりと自分のものにしておきましょう。

## I'm 〜 . で言える表現

〈I'm ＋名詞 .〉の形で自分の名前や職業を紹介したり，〈I'm ＋形容詞 .〉の形で自分の現在の状態を相手に伝えたりすることができます。

☐ 初めまして。トモコといいます。よろしくお願いします。

　　▸ Hi. I'm Tomoko. Nice to meet you. (p.16)

☐ 私はトモコです。ミカとは，同じ会社で働いてます。

　　▸ I'm Tomoko.  I work with Mika. (p.18)

☐ ところで，私はトモコといいます。

　　▸ By the way, I'm Tomoko. (p.18)

☐ 今は海外ドラマにはまってます。

　　▸ I'm hooked on foreign dramas now. (p.28)

☐ あ，Miller 先生！ 私は元気ですよ。先生は？

　　▸ Hi, Ms. Miller. I'm doing good. How are you? (p.32)

☐ それはよかった。▸ I'm happy to hear that. (p.54)

☐ 本当？ えー意外！▸ Really? I'm surprised! (p.62)

☐ それは残念でしたね。▸ I'm sorry to hear that. (p.78)

☐ 歌は苦手なの。▸ I'm a bad singer. (p.90)

☐ 遅刻して申し訳ありません。▸ I'm sorry I'm late. (p.98)

☐ スペルは自信ないですけど…。▸ I'm not sure if the spelling is correct. (p.100)

☐ 申し訳ないんですが，10 分ほど遅れそうなんです。

　　▸ I'm sorry, I'm running 10 minutes late. (p.120)

☐ ありがとう。でも，もうすごくおなかが一杯です。

　　▸ Thanks, but I'm really full. (p.142)

☐ いや，もう大丈夫。▸ No, I'm good. Thanks. (p.160)

☐ ちょっと酔っ払ってきちゃった。▸ I'm getting a little tipsy. (p.160)

# You're 〜 . で言える表現

〈You're ＋形容詞 .〉などの形で，相手のことをほめたり，相手の話に同意したりできます。

□ そうだよね。▶ **You're right.** (p.50)

□ まったくもってその通り。▶ **You're exactly right.** (p.54)

□ いいなー。▶ **You're so lucky!** (p.70)

□ わぁ，上手だね！▶ **Wow, you're good!** (p.72)

□ またまた，お世辞ばっかり。▶ **You're flattering me.** (p.72)

# Are you 〜? で言える表現

〈Are you ＋形容詞 ?〉の形で，相手の状態を確認することができます。

□ ご結婚されてるんですか？▶ **Are you married?** (p.30)

□ えっ，本気？▶ **Are you serious?** (p.54)

□ 大丈夫？▶ **Are you okay?** (p.78)

□ では，行きましょうか。▶ **Are you ready to go?** (p.104)

□ おなか，すきませんか？▶ **Are you hungry?** (p.128)

□ 注文は決まりましたか？▶ **Are you ready to order?** (p.130)

□ え，本当にいいの？▶ **Are you sure?** (p.144)

□ 寒い？▶ **Are you cold?** (p.152)

# It's 〜 . / It was 〜 . で言える表現

it は一度話に出てきたものを指す代名詞なので，何かについての感想を尋ねられたら〈It's ＋形容詞 .〉や〈It was ＋形容詞 .〉の形で答えます。また it は時間・距離・天気・寒暖・状況を表す文の主語として使われるほか，〈It is … to ＋動詞の原形 .〉の形で「〜することは…です」という意味も表します。

□ やっと会えましたねー。▶ **It's nice to finally meet you.** (p.16)

□ お会いできてうれしかったです。▶ **It was nice meeting you.** (p.20)

□ お話しできてよかったです。じゃあ。

　　▶ **It was nice talking to you. Take care.** (p.20)

☐ 別に，普通。 ▶ **It's okay.** (p.62)

☐ おいしかった？ ▶ **Was it good?** (p.66)

☐ すごくエキサイティングでした。 ▶ **It was really exciting.** (p.66)

☐ いやいや，全然大したことないですよ。 ▶ **No, it's nothing.** (p.72)

☐ きっと大丈夫だよ。そんなに心配しないで。

   ▶ **It'll be okay. Don't worry so much.** (p.78)

☐ すごくいい天気ですねー。 ▶ **It's a great day.** (p.92)

☐ しかし今日は蒸しますねー。 ▶ **It's really humid today.** (p.92)

☐ エレベーター，なかなか来ないですね。

   ▶ **It's taking the elevator a long time.** (p.94)

☐ 次で降りますよ。 ▶ **It's the next stop.** (p.110)

☐ ちょっと遠いですけど，大丈夫ですか？ ▶ **It's a little far. Is that okay?** (p.116)

☐ ここから 30 分くらいで着きますよ。 ▶ **It's about 30 minutes from here.** (p.122)

☐ 高級なところじゃないですけど，おいしいんですよ。

   ▶ **It's not fancy, but it's good.** (p.130)

☐ いいですいいです，気にしないでください。

   ▶ **It's okay. Please, don't worry about it.** (p.134)

☐ 落ち着く部屋だね。 ▶ **It's a cozy room.** (p.136)

☐ 大丈夫，そのままでいいよ。 ▶ **It's okay, just leave them.** (p.152)

☐ 評判ほどの味じゃないね。 ▶ **It's not as good as they say.** (p.160)

# This is ～ . で言える表現

「これは〜です」という意味で，目の前にある具体的なものについて説明することができます。
また，「こちらの方は〜さんです」の意味で，近くにいる人を紹介することもできます。

☐ こちらは加藤さん。私と同じ部署の先輩です。

   ▶ **This is Ms. Kato. We work in the same department.** (p.18)

☐ こちらは私の友人のサエです。 ▶ **This is my friend Sae.** (p.22)

☐ これ，この前のお礼です。

   ▶ **This is a little something for helping me out the other day.** (p.58)

□ これ，かわいくない？ ▶ **Isn't this cute?** (p.64)

□ 実は私も初めて来たんです（笑）。

     ▶ **Actually, this is my first time here, too.** (p.124)

□ これ，お土産にどうぞ。 ▶ **Here. This is for you.** (p.134)

□ これ，すごくおいしいね。 ▶ **This is delicious.** (p.140)

# That's 〜 . で言える表現

that は「あれ」という意味で遠くのものをさす以外にも，「相手が今言ったこと」全体をさす代名詞としても使われます。〈That's ＋形容詞 .〉の形で，「それは〜ですね」のように，相手の直前の発言に対する感想を伝えることができます。

□ それはひどいですね。 ▶ **That's awful.** (p.52)

□ すごく怖かった！ ▶ **That was really scary.** (p.62)

□ よかったね！ ▶ **That's great!** (p.68)

□ すごいですねー！ ▶ **That's amazing!** (p.70)

□ それは大変だね。 ▶ **That's too bad.** (p.74)

□ 大丈夫，気にしないで。 ▶ **That's okay. Don't worry about it.** (p.76)

# look / sound を使って言える表現

〈主語＋ looks ＋形容詞 .〉の形で「主語は〜に見える」という意味を表し，見た目の印象を伝えることができます。〈主語＋ sounds ＋形容詞 .〉は「主語は〜に聞こえる」という意味で，耳で聞いた印象を伝えることができます。

□ この表現は自然ですか？ ▶ **Does this expression sound natural?** (p.46)

□ いいねー。 ▶ **Sounds great.** (p.50) ※ That sounds great. が省略された形

□ あれ，おいしそうじゃない？ ▶ **That looks good, doesn't it?** (p.60)

□ どう？ 似合う？ ▶ **How do I look?** (p.64)

□ ゆかた，すごく似合うね。 ▶ **You look great in a yukata.** (p.70)

□ なんか，いやな天気ですねー。 ▶ **The weather doesn't look good.** (p.94)

# Thank you. / Thanks. を使って言える表現

相手の誘いや申し出を断るときにも必ず No, thank you. や Thank you, but ～. （ありがとう, でも～）のように言うのが英会話のマナーです。Thank you for ～. で「～をありがとう」, Thank you for ～ ing. で「～してくれてありがとう」という意味です。

☐ 今日はありがとうございました。では, 失礼します。

　　▶ **Thank you for your time today. Have a good day.** (p.36)

☐ ありがとうございます。本当に助かります。▶ **Thank you. I really appreciate it.** (p.56)

☐ そうしてくれるとすごく助かる！ ありがとう！ ▶ **That'd be great. Thanks.** (p.56)

☐ とてもおいしい晩ご飯, ありがとうございました。

　　▶ **Thank you for the delicious dinner.** (p.58)

☐ 今日は誘ってくれてありがとう。すごく楽しかった。

　　▶ **Thanks for inviting me today. I had a great time.** (p.58)

☐ ありがとう。でもぼくはやめとくよ。▶ **Thanks, but I think I'll pass.** (p.90)

☐ 今日は呼んでくれてありがとう。▶ **Thank you for inviting me today.** (p.136)

☐ すみません, 私, お酒飲めないんです。▶ **No, thank you. I don't drink.** (p.140)

☐ ありがとう。でも, もうすごくおなかが一杯です。

　　▶ **Thanks, but I'm really full.** (p.142)

☐ ありがとう。すごく楽しかったよ。▶ **Thank you. I had so much fun.** (p.144)

☐ そんな, いいのにー。ありがとう。▶ **Oh, you didn't have to. Thank you!** (p.146)

☐ 来てくれてありがとう。▶ **Thanks for coming.** (p.154)

☐ いや, もう大丈夫。▶ **No, I'm good. Thanks.** (p.160)

# I'm sorry. を使って言える表現

I'm sorry. は「ごめんなさい」と謝罪する場面だけでなく, 「残念に思います」のように相手への同情の気持ちを表すときにも使います。また, 相手にもう一度言ってくれるようにお願いするときなどにも使います。

☐ すみません, もう一度お名前をうかがってもよろしいですか？

　　▶ **I'm sorry, may I have your name again, please?** (p.22)

☐ すみません, もう一度よろしいですか？

▶ **I'm sorry, could you say that again, please?** (p.40)

□ すみません，もうちょっとゆっくり話していただけますか？

　　▶ **I'm sorry, could you speak a little more slowly, please?** (p.40)

□ すみません，お先にどうぞ。▶ **Sorry, go ahead.** (p.42)

□ それは残念でしたね。▶ **I'm sorry to hear that.** (p.78)

□ 遅刻して申し訳ありません。▶ **I'm sorry I'm late.** (p.98)

□ 申し訳ないんですが，今日はお休みさせていただきます。

　　▶ **I'm sorry. I can't make it to class today.** (p.102)

□ 申し訳ないんですが，10分ほど遅れそうなんです。

　　▶ **I'm sorry, I'm running 10 minutes late.** (p.120)

□ ちらかっててごめんね。▶ **Sorry it's a mess.** (p.148)

□ ごめん，それちょっと失敗しちゃったんだよね。

　　▶ **Sorry, it didn't turn out so well.** (p.150)

# What ～ ? で言える表現

what は「何」，〈what ＋名詞〉は「何の～」という意味を表します。What's ～？は「～は何ですか」，What do you ～？は「あなたは何を～しますか」，〈What ＋一般動詞？〉は「何が～しましたか」という意味になります。

□ 日本には，どうして来られたんですか？▶ **What brought you to Japan?** (p.26)

□ お休みのときなんかは，何をされてるんですか？

　　▶ **What do you do in your free time?** (p.28)

□ 今，何年生？▶ **What year are you in?** (p.28)

□ 星座は何座ですか？▶ **What's your sign?** (p.30)

□ ご専攻は何ですか？▶ **What's your major?** (p.30)

□ amiable ってどういう意味ですか？▶ **What does "amiable" mean?** (p.44)

□ store と shop の違いはなんですか？

　　▶ **What's the difference between "store" and "shop" ?** (p.48)

□ どう思いますか？▶ **What do you think?** (p.66)

□ いいけど，どうしたの？▶ **Sure, what's wrong?** (p.74)

□ 今までに行った中で，いちばんよかった場所はどこですか？

  ▸ **Of all the places you visited, what did you like best?** (p.106)

□ どうします？ 待ちますか？

  ▸ **What do you think? Would you like to wait?** (p.130)

□ これ，何入ってるの？ ▸ **What's inside?** (p.140)

# How 〜 ？で言える表現

how は「どう」「どのように」「どうやって」という意味で，状態や感想・手段などを尋ねることができます。

□ 由紀とはどういうお知り合いですか？ ▸ **How do you know Yuki?** (p.24)

□ あなたは？ ▸ **How about you?** (p.26)

□ また会えましたね。お元気でしたか？

  ▸ **Nice to see you. How are you doing?** (p.32)

□ あ，Miller 先生！ 私は元気ですよ。先生は？

  ▸ **Hi, Ms. Miller. I'm doing good. How are you?** (p.32)

□ おひさしぶりですねー。お元気でしたか？

  ▸ **It's been a long time. How have you been?** (p.34)

□ いつもお世話になっています。 ▸ **Hi, how are you?** (p.34)

□ 学校はどう？ ▸ **How's school?** (p.38)

□ えーっと，なんて言えばいいんだろう…。 ▸ **Uh.... How do I say it?** (p.42)

□ どういうスペルですか？ ▸ **How do you spell that?** (p.44)

□ 「うらやましい」って英語でなんて言うんですか？

  ▸ **How do you say "urayamashii" in English?** (p.46)

□ これ，なんて発音するんですか？ ▸ **How do you pronounce this?** (p.48)

□ えっ，どうしてですか？ ▸ **Oh, how come?** (p.52)

□ どう？ ▸ **How is it?** (p.60)

□ どう？ 似合う？ ▸ **How do I look?** (p.64)

□ 私，ちゃんとできてますか？ ▸ **How am I doing in class?** (p.102)

□ どうでした？ ▸ **How did you like it?** (p.132)

# I'll ～ . を使って言える表現

will は，「～するつもりがある」という「意思」を表す助動詞です。「私が～しますよ」のように，相手に申し出るときに使います。

□ とりあえず，電車で新宿まで出ますね。
  ▶ **We'll take the train to Shinjuku.** (p.108)

□ ちょっとここで待っててもらえます？　私，切符買ってきますね。
  ▶ **Could you wait here for a second? I'll go get the tickets.** (p.108)

□ 明日の朝は，ホテルまで迎えに行きますよ。
  ▶ **I'll pick you up at the hotel tomorrow morning.** (p.112)

□ ちょっと飲み物買ってきますね。何がいいですか？
  ▶ **I'll go get some drinks.  What would you like?** (p.126)

□ それちょうだい。▶ **I'll take that.** (p.154)

# 命令文で言える表現

「～しなさい」という命令だけでなく，「～してね」とすすめたり，申し出たり，やり方を教えたり，相手を励ましたりすることができます。自分の依頼ではなく相手の利益になる内容であれば，please をつけなくても失礼にはあたりません。一方，依頼をするときは，please をつけたとしても，命令文である限りは丁寧なお願いにはなりません。

□ 日本を楽しんで行ってくださいね！▶ **Enjoy your stay in Japan!** (p.20)

□ 私はケンイチロウといいます。ケンと呼んでください。
  ▶ **I'm Kenichiro. Just call me Ken.** (p.22)

□ おやすみなさい。▶ **Have a good night.** (p.36)

□ 気をつけて帰ってね。▶ **Drive safely.** (p.36)

□ 今日はありがとうございました。では，失礼します。
  ▶ **Thank you for your time today.  Have a good day.** (p.36)

□ よい週末を。▶ **Have a good weekend.** (p.38)

□ すみません，お先にどうぞ。▶ **Sorry, go ahead.** (p.42)

□ わからないことがあれば，いつでも聞いてくださいね。
  ▶ **If you have any questions, ask me anytime, okay?** (p.76)

☐ 無理しないでね。▶ **Take it easy, okay?** (p.78)

☐ これちょっと持ってて。▶ **Hold this for a second?** (p.80)

☐ わー！見て！▶ **Wow! Look!** (p.86)

☐ 左手を見てください。あれがスカイツリーです。

　　▶ **Take a look at your left. That's the Sky Tree.** (p.122)

☐ あ，もうこんな時間だ！▶ **Oh, look at the time.** (p.142)

☐ 今度はうちに来てね。▶ **Next time, come to my house.** (p.144)

☐ いらっしゃーい。どうぞどうぞ。▶ **Hi, come in.** (p.146)

☐ どうぞ，座ってゆっくりしてね。▶ **Make yourself at home.** (p.148)

☐ 適当に取って食べてね。▶ **Help yourself to the food.** (p.150)

☐ 大丈夫，そのままでいいよ。▶ **It's okay, just leave them.** (p.152)

☐ 見て，この大きさ！▶ **Wow, look at the size of that!** (p.158)

# Let's 〜 . / Let me 〜 .で言える表現

Let's 〜 . は「(私たちで) 〜しよう」と誘うときの言い方です。気軽ですが一方的な言い方で，強引に聞こえることもあります。Let me 〜 . は「私に〜させて」と申し出るときの言い方です。Let's 〜 . も Let me 〜 . も，動詞は原形を使います。

☐ ちょっと辞書で調べてみますね。▶ **Let me look it up in my dictionary.** (p.46)

☐ お荷物，お持ちしますよ。▶ **Let me help you with your luggage.** (p.106)

☐ では，そうしましょう。▶ **Sure, let's do that.** (p.116)

☐ いやいや，割り勘にしようよ。▶ **No, let's split it.** (p.162)

# Can I 〜 ?で言える表現

「〜してもいい？」という意味で，気軽なお願いをするときのもっとも基本的な言い方です。

☐ トイレ借りていい？▶ **Can I use your bathroom?** (p.80)

☐ 来週のレッスンの時間を変更してもらえませんか？

　　▶ **Can we change the time for next week's lesson?** (p.102)

☐ 何か手伝おうか？▶ **Can I help you with anything?** (p.138)

☐ ひと口もらっていい？▶ **Can I have a bite?** (p.160)

# May I 〜 ? / Could I 〜 ? で言える表現

「〜してもよろしいですか」の意味で，丁寧に許可を求めるときの言い方です。初対面の人や目上の人などには，Can I 〜？のかわりに May I 〜？や Could I 〜？を使いましょう。

□ すみません，もう一度お名前をうかがってもよろしいですか？

▶ **I'm sorry, may I have your name again, please?** (p.22)

□ ご出身はどちらなんですか？

▶ **May I ask where you're from?** (p.24)

□ 質問してもよろしいですか？ ▶ **Could I ask you a question?** (p.98)

□ お手洗いをお借りしてもいいですか？ ▶ **May I use the bathroom?** (p.142)

# Could you 〜 ? で言える表現

「〜していただけませんか？」のように丁寧に依頼する言い方です。友達などに気軽にお願いしたいときは，Could you 〜？のかわりに Can you 〜？（〜してくれますか？）を使います。

□ すみません，もう一度よろしいですか？

▶ **I'm sorry, could you say that again, please?** (p.40)

□ すみません，もうちょっとゆっくり話していただけますか？

▶ **I'm sorry, could you speak a little more slowly, please?** (p.40)

□ もうちょっと大きな声でお願いできますか？

▶ **Could you speak a little louder, please?** (p.42)

□ もし英語が間違っていたら，そのつど教えていただけますか？

▶ **Could you correct me whenever my English is wrong?** (p.48)

□ いくつか例文を教えていただけますか？

▶ **Could you give me some examples?** (p.48)

□ ぼくの上着取ってもらえる？ ▶ **Could you get my jacket, please?** (p.82)

□ ちょっとお願いがあるんだけど，いい？ ▶ **Could you do me a favor?** (p.82)

□ ここの部分，もう一度説明していただけませんか？

▶ **Could you explain this part again?** (p.102)

□ ちょっとここで待っててもらえます？　私，切符買ってきますね。

▶ **Could you wait here for a second? I'll go get the tickets.** (p.108)

☐ 私の荷物，見ていてもらえますか？

▶ **Could you keep an eye on my bag, please?** (p.126)

# Would you mind ～？で言える表現

「～したらいやがりますか？」「～しても構いませんか？」という意味で，相手への気づかいを示す形で控えめに許可を求めたり，依頼したりするときの表現です。

☐ 悪いんだけど，テレビのボリューム下げてもらってもいい？

▶ **Would you mind turning down the TV?** (p.82)

☐ 悪いんだけど，かけ直してもいいかな？

▶ **Would you mind if I called you back?** (p.82)

☐ 歩きでもいいですか？ 10分くらいなんですけど…。

▶ **Would you mind walking? It's about 10 minutes.** (p.110)

# Do you want ～？で言える表現

「～がほしいですか？」「～したいですか？」という疑問文ですが，「～はいかがですか？」「～しませんか？」と誘うときの基本表現としてよく使われます。

☐ 私たちといっしょにごはん，行きません？

▶ **Do you want to go have lunch with us?** (p.86)

☐ 何か飲む？ ▶ **Do you want something to drink?** (p.148)

☐ もう1杯飲む？ ▶ **Do you want another glass?** (p.150)

☐ 1杯，飲みに行かない？ ▶ **Do you want to go for a drink?** (p.156)

☐ これ，2人で分けない？ ▶ **Do you want to share this?** (p.156)

# Would you like ～？で言える表現

Do you want ～？の丁寧な言い方です。

☐ 今夜，私たちごはん食べに行くんですけど，先生もどうですか？

▶ **Would you like to join us for dinner tonight?** (p.88)

☐ 相撲でも見に行きます？ ▶ **Would you like to go see sumo?** (p.114)

☐ サービスエリアで止めましょうか？

　　▶ **Would you like to make a stop at the service area?** (p.122)

☐ 写真，撮りましょうか。▶ **Would you like me to take your picture?** (p.124)

☐ お土産，買わなくていいですか？▶ **Would you like to get a souvenir?** (p.124)

☐ ちょっと飲み物買ってきますね。何がいいですか？

　　▶ **I'll go get some drinks.　What would you like?** (p.126)

☐ 100円ショップ，行ってみます？

　　▶ **Would you like to take a look at a 100 yen shop?** (p.128)

☐ どうします？ 待ちますか？

　　▶ **What do you think? Would you like to wait?** (p.130)

☐ じゃ，行きますか。▶ **Would you like to go?** (p.134)

| 著　者 | Nobu Yamada |
| --- | --- |

1980年アメリカ合衆国ニュージャージー州生まれ。英語・日本語のバイリンガルとして，英語教室 Beam International を主宰。「世界に通用するバイリンガルを育てること」をミッションに，英語に初めて触れる小学生から，ハーバードへの MBA 留学をめざす社会人までを対象に幅広く英語を指導。TOEIC 満点，国連英検特 A 級，英検 1 級。http://www.beam-international.net

| イラスト． | Kajio |
| --- | --- |

1973年神奈川県生まれ。1999年第57回手塚賞にて佳作入選，同年漫画家デビュー。2003年，『週刊少年ジャンプ』で『TATTOO HEARTS』を連載（加治佐修名義）。その後，手描き・切り絵などのアナログ作品からデジタル作品まで幅広く手がけるイラストレーターとして活動。モットーは「ストーリーがにじみ出るようなイラスト！」。http://www.kajio.com

| 編集協力 | 今居美月，敦賀亜希子，宮崎史子，小縣宏行，佐藤美穂，上保匡代，岡野真実，延谷朋実 |
| --- | --- |
| CD 録音 | （財）英語教育協議会（ELEC） |
| ナレーション | Josh Keller，Carolyn Miller |
| DTP | （株）明昌堂 |

この本は下記のように環境に配慮して製作しました。
・製版フィルムを使用しない CTP 方式で印刷しました。
・環境に配慮した紙を使用しています。

CD 袋：PP
CD 盤：PC

# 絵で見てパッと言う英会話トレーニング　基礎編